Eveline Leutwyler, geboren 1939, ist seit ihrem fünften Lebensjahr gelähmt. Durch ihre Krankheit, die schulmedizinisch nie genau diagnostiziert werden konnte, wurde sie wegen spastischer Lähmungen in ihrer Bewegungsfreiheit stark eingeschränkt. Sie hat es nach längeren Aufenthalten in einem Pflegeheim und einer Klinik geschafft, in einer Wohnung in Zürich selbständig zu leben. Auf ihrem Weg des Ringens um Anerkennung und Selbständigkeit schrieb sie Märchen, in denen ihre Erfahrungen in Bildern und Geschichten Gestalt fanden. Sie schuf in der Märchensammlung „Der Bergkristall" ein eindrückliches Zeugnis einer existentiellen Suche nach Sinn und Befreiung, welches über unsere Zeit hinaus Menschen auf ihrem Weg eine Hilfe sein kann. Einige ihrer Märchen wurden bereits in Dialektfassung vom Radio DRS ausgestrahlt.

Matthias Müller Kuhn, geboren 1963, Studium der Theologie in Heidelberg und Zürich. Seit 1992 als Seelsorger und Pfarrer tätig in verschiedenen Spitälern und Kirchgemeinden der reformierten Kirche. 2007 Abschluss der berufsbegleitenden Ausbildung zum Spiritual, geistliche Begleitung von Menschen. Er ist Autor von Prosa und Lyrik. Von ihm sind bereits erschienen: Der Narr Gottes, sechzehn Erzählungen (1994)/ Zugeflogen mit frohen Flügeln, zweihundertacht deutsche Haiku (2004)/ Stille Gespräche mit Gott (2008).

Eveline Leutwyler
Matthias Müller Kuhn

Die Tänzerin im Bergkristall

Von der verwandelnden und befreienden Kraft
der Seele

1. Teil

Der Bergkristall
siebzehn Märchen
von Eveline Leutwyler

2. Teil

Die Tänzerin im Bergkristall
Eine Annäherung an die Märchen des Bergkristalls
von Matthias Müller Kuhn

Eveline Leutwyler
Matthias Müller Kuhn

Die Tänzerin im Bergkristall

Von der verwandelnden und befreienden
Kraft der Seele

© 2008 Copyright by Matthias Müller Kuhn
www.terebinthe.ch
Herstellung und Verlag:
Books on demand GmbH, D-Norderstedt.
Titelbild: Eveline Leutwyler
ISBN: 978-3-8370-4364-8

Inhalt

Eine Begegnung
Vorwort von Matthias Müller Kuhn					11

1. Teil

Der Bergkristall
Siebzehn Märchen von Eveline Leutwyler

1. Der Bergkristall					15
2. Das Mädchen und das Brot				19
3. Die Schlange						22
4. Die verlorenen Tränen				25
5. Der Schmetterling					28
6. Das verwunschene Land				31
7. Der Zauberspiegel					34
8. Der Traum des Schmetterlings			38
9. Der böse Zauberer					40
10. Das zerstörte Instrument				43
11. Der eisige Nordwind				46
12. Di jung Frau im höche Turm			49
13. Die Quelle						52
14. Der furchtbare Wolf				57
15. Die Zwillinge					62
16. Der kleine Drache					67
17. Die Tempeltänzerin				71

2. Teil

Die Tänzerin im Bergkristall
Eine Annäherung an die Märchen des Bergkristalls
von Matthias Müller Kuhn

1. Von einer vorweihnachtlichen Begegnung 79
2. Von der Sehnsucht 85
   nach dem Paradies –
   zum Märchen *„Der Bergkristall"*
3. Von der Heilung, 91
   die einen Pfarrer beschämte
4. Vom Hunger, 95
   der zur Heilung führt –
   zum Märchen *„Das Mädchen und das Brot"*
5. Von der Bedrohung, 100
   die sich aus der hässlichen Haut schält –
   zum Märchen *„Die Schlange"*
6. Von der Befreiung der Trauer, 103
   die in der Kälte eingeschlossen ist –
   zum Märchen *„Die verlorenen Tränen"*
7. Von der Behinderung, die wie Eis 107
   von Sonnenstrahlen geschmolzen wird –
   zum Märchen *„Der Schmetterling"*
8. Vom Glück, das am Ende 111
   mehr als glücklich ist –
   zum Märchen *„Das verwunschene Land"*
9. Von den Täuschungen, welche den 115
   Menschen vom wahren Selbst fernhalten –
   zum Märchen *„Der Zauberspiegel"*

10. Vom Weg durch die Trockenheit, 120
der zur Erlösung der Quelle führt –
zum Märchen *„Die Quelle"*
11. Von der Urangst, 124
die ihr schreckliches Gesicht verliert –
zum Märchen *„Der furchtbare Wolf"*
12. Von der anderen Welt, 129
die hautnah neben der unseren liegt –
zum Märchen *„Der kleine Drache"*
13. Von der Tänzerin im Bergkristall 133
oder von der befreienden Kraft der Seele –
zum Märchen *„Die Tempeltänzerin"*

Eine Begegnung
Vorwort von Matthias Müller Kuhn

Der graue Himmel hängt in den Strassen. Die Häuser beissen sich in einem farblosen Wolkentuch fest. November, der Monat des Nebels, der endgültig die letzten Farbzungen des Herbstes auslöscht und die verlorenen Blätter in den fast leergefegten Bäumen verschlingt. Am Limmatplatz in Zürich herrscht reges Treiben, Schüler drängen über Mittag zum Einkaufszentrum, in dessen grosser, gläserner Eingangshalle Take-Away-Stände zum schnellen Imbiss einladen, Menschentrauben, Stimmengewirr.

Die Frau im Elektrorollstuhl wird kaum beachtet. Sie fährt zielstrebig an den kleinen Tischen vorbei, um welche sich die jungen Leute drängen, dem Ausgang zu, den sie über eine spezielle Rampe für Behinderte erreicht. Sie hat das Nötigste eingekauft und hinten im Rollstuhl verstaut. Plötzlich sieht sie eine ihr bekannte Person, welche an einem der letzten Tische vor dem Ausgang sitzt und steuert auf sie zu. Eine zufällige Begegnung. Er ist ein Mann Mitte vierzig. Eben hat er seinen Kaffee ausgetrunken und will aufstehen, um dem Ansturm der Schüler zu entgehen. Die beiden kommen ins Gespräch, einige Wortfetzen gehen unter im Lärm, der durch die kahlen, hohen Glaswände verstärkt wird. Sie haben sich kürzlich bei einer kirchlichen Veranstaltung kennen gelernt und fielen gleich auf die philosophischen Grundfragen des Seins, so, wie wenn ein achtlos geworfener Stein auf eine Glocke trifft und ein Klang entsteht, der überrascht und zugleich erfreut! Sie verabschieden sich voneinander: Sie bräuchten einen anderen Ort und mehr Zeit, um das damals angefangene Gespräch fortzusetzen. „Melden Sie sich einfach bei mir", sagt er, bevor die beiden vom Strom der hereindrängenden Menschen fort geschoben werden.

Er überquert den Fussgängerstreifen und geht in sein nahe gelegenes Büro zurück, welches sich in einem an die stattliche Stadtkirche angebauten Gebäude befindet. Er betrit das Zimmer, das kaum Tageslicht bekommt, da es in einen abgeschlossenen Innenhof geht. Er ahnt nicht, dass er bald eine wertvolle, seltene Entdeckung machen wird. Ahnungslos wird er zwischen den grauen Steinen des Alltags einen Bergkristall finden. Er wird ihn behutsam aus den Gesteinsschichten herauslösen und ihn zuerst, um ihn genau zu betrachten, zu sich nach Hause bringen. Er wird aber wissen, dass er den Bergkristall nicht für sich alleine behalten darf, sondern ihn einem breiteren Kreis zeigen muss. Beim genauen Betrachten des Bergkristalls wird er eine in allen Farben schimmernde Welt entdecken, neben dunklen Wäldern, Schlössern und Seen, wird er Verwandlungen miterleben und zuletzt einer Tänzerin begegnen, von deren befreiendem Tanz er noch lange träumen wird.

1. Teil

Der Bergkristall

Siebzehn Märchen
von Eveline Leutwyler

Der Bergkristall

Es war einmal ein kleines Mädchen, das wohnte in einer grossen Stadt. In dieser Stadt ging das Gerücht von einem gar wunderbaren Bergkristall herum, der irgendwo tief in einem Berg eingeschlossen sei. Viele hatten schon versucht, ihn zu finden, waren aber nie zurückgekehrt.

Das kleine Mädchen hörte es eines Nachts rufen. Es war der Kristall. Also machte sich das Mädchen auf. Es ging auf einer staubbedeckten Strasse, so dass es immer husten musste. Auch die feinen Schuhe des kleinen Mädchens waren bald in Fetzen. Barfuss, wie es nun war, bluteten seine Füsse bald. Aber es hörte in sich immer den Ruf des Kristalls, und so ging es weiter. Zum Schmerz der wunden Füsse gesellte sich bald der Durst, aber das Mädchen wusste, dass der Weg weit war und dass es den Bergkristall finden würde.

Es wurde dunkel, schwere Wolken zogen am Himmel auf, Blitze zuckten durch die Nacht und der Regen prasselte auf das kleine Mädchen nieder. Da stand eine alte Holzhütte am Weg. Das kleine Mädchen suchte Schutz und kauerte sich unter das Vordach der Hütte, zu klopfen traute es sich nicht. Vor Erschöpfung schlief es ein, und sein Kopf fiel zur Seite gegen die Türe.

Das Geräusch hörte der Mann, der in der Hütte wohnte und gerade in der Stube sass. Er ging zur

Türe, öffnete sie, sah das kleine Mädchen, hob es auf und trug es in die Hütte. Er war lieb mit dem kleinen Mädchen, und es wurde vertraut mit ihm. Da erzählte es ihm von dem Kristall. Der Mann schaute nachdenklich ins Kaminfeuer, dann sagte er:

„Ich weiss, wo der Bergkristall ist. Es ist schwer, ihn zu finden, aber ich werde dir helfen. Nur gibt es eine Grenze, darüber hinaus musst du selber gehen."

So machten sie sich zusammen auf, das kleine Mädchen und der Mann. Bald kamen sie zu einem Wald. Der war schwarz, die Stämme der Bäume und das Unterholz waren ineinander verwachsen. Dornen drohten zu stechen. Das kleine Mädchen schob seine Hand in die des Mannes. Dieser fasste fest zu und sagte:

"Hab keine Angst, ich zeige dir, wie wir durchkommen."

Er hatte eine Sichel in der Hand. Wo er auch mit ihr hinkam, bahnte sie einen Weg, um beide durchzulassen. Hinter ihnen schloss sich der schwarze Wald sofort wieder. So arbeiteten sie sich langsam durch bis zu einem Bach. Aber der Bach hatte schwarzes Wasser. Er konnte nicht erfrischen.

Das kleine Mädchen war müde. Da setzten sich der Mann und das Mädchen auf einen Stein. Der Mann sagte zu dem Mädchen: „Hier, in diesem Wald gibt es gar nicht weit von uns einen grossen Felsen, in dem der Bergkristall eingeschlossen ist.

Eine böse Fee hütet ihn für sich. Darum ist alles so schwarz und voller Dornen, und das Wasser kann nicht erfrischen. Jetzt musst du alleine weitergehen. Die Sichel gebe ich dir, damit du den Weg weiter findest. Aber fürchte dich nicht. Du wirst im rechten Augenblick das Richtige tun."

Dann war er verschwunden.

Das kleine Mädchen musste die Sichel in beide Hände nehmen, denn sie war sehr schwer. Die Sichel schnitt den Weg frei, immer soviel, dass das kleine Mädchen Platz fand. Hinter ihm schloss sich der schwarze Wald immer wieder. Kein Vogel sang, kein Blatt wisperte im Wind, kein Bach murmelte durchs Moos. Es wurde Nacht, schwarze Nacht. Da war eine Lichtung! Der Fels! Das kleine Mädchen riss die Augen weit auf, um wenigstens etwas zu sehen.

Es donnerte gewaltig, und ein dunkles Gespann raste aus den Wolken hernieder. Die feurigen Rappen, vor einen schwarzen Schlitten gespannt, wurden von einer schwarzen Frau, die auf dem Schlitten stand, mit der Peitsche angefeuert. Das Gefährt hielt vor dem Felsen. Die Rappen waren schweissbedeckt und zitterten, aber sie standen wie angewurzelt. Die schwarze Fee sprang vom Schlitten. Laut lachend stand sie vor dem Felsen und rief befehlend:

„Kristallschloss öffne dich!"

Da öffnete sich der Fels und erzitterte in seinen Grundfesten. Ächzend wie klagend gab er sein

Inneres preis. Ein herrlicher Kristall, ohne Fehl, gewachsen in der Tiefe dieses Berges, durchsichtig wie klares Wasser, rein, aber ohne Glanz kam zum Vorschein. Die böse Fee sah ihn an:

„Mein bist du, nie soll dich jemand sehen und sich an dir freuen. Nur meine Augen sollen sich an dir weiden. Wenn dich jemand sieht, bist du für mich verloren. Aber ich hüte dich. Du wirst niemals glänzen! Ich habe dafür gesorgt, dass niemals jemand zu dir kommt!"

Das kleine Mädchen trat aus dem Dunkel und berührte den Kristall. Jetzt begann er zu funkeln und zu strahlen in einem unbeschreiblich hellen, warmen Glanz, der alles verwandelte. Der Wald war grün, die Vögel sangen im Geäst, Blumen blühten, Bächlein sprudelten mit frischem Wasser. Das kleine Mädchen sah alles und freute sich. Da blitzte an seiner Hand etwas auf. Der grosse Bergkristall hatte dem kleinen Mädchen einen wunderschönen Ring mit einem Splitter von sich geschenkt. Vor dem Fels wartete ein prächtiger Schimmel. Auch dieser gehörte ihm. Nun war das kleine Mädchen gut ausgerüstet und ritt in den hellen Wald hinein.

Das Mädchen und das Brot

Es war einmal ein Mädchen, das lebte in einem Schloss. Es bekam so wenig zu essen, dass es immer Hunger hatte. Es verhielt sich nämlich so: Diejenigen, die das Essen verteilen sollten, assen alles Gute selber, das war vor allem Brot. Den Rest bekamen die andern. Das Mädchen war zuletzt an der Reihe, und so erhielt es nichts mehr zu essen. Das Mädchen wehrte sich, die andern aber lachten es nur aus.

Da erinnerte sich das Mädchen, dass es vor langer Zeit in einem Raum des Schlosses Brot versteckt hatte und machte sich sogleich auf, den Raum zu suchen. Es kam auf eine grosse Wiese, auf der Tische aufgestellt waren, daran sassen Menschen und assen ihr Brot. Das Mädchen bekam ein kleines Stück davon. Es setzte sich dazu und begann zu essen. Aber die Erinnerung an das versteckte Brot war so stark, dass es aufstand und weiterging.

Als das Mädchen eine Weile gegangen war, merkte es zu seinem grossen Schrecken, dass das Schloss, das vor ihm lag, ein ganz anderes, unbekanntes Schloss war. Alles sah verändert aus. Nichts war mehr bekannt. Da setzte sich das Mädchen auf den Boden und weinte bitterlich.

„Warum bist du denn so traurig?" fragte eine tiefe Stimme.

Das Mädchen schaute auf, direkt vor ihm sass ein grosser dicker Frosch. Erschrocken fuhr das Mädchen zurück.

„Du musst dich nicht fürchten, aber sag mir doch, warum du weinst."

Das Mädchen sah in die Augen des Frosches, die waren dunkel, warm und freundlich. So fasste es Vertrauen und erzählte dem Frosch von seinem Hunger und dem versteckten Brot.

„Komm mit mir", sagte der Frosch und hüpfte davon.

Vor einer Türe blieb er sitzen, sah das Mädchen an und sagte:

„Öffne diese Türe!"

Das Mädchen gehorchte. Aber was war das? Ein dunkler, mit Spinnweben dicht verhangener Raum.

„Komm!" sagte der Frosch wieder und hüpfte voraus.

Zögernd folgte das Mädchen. Bums! Die Türe war hinter ihnen ins Schloss gefallen. Undeutlich sah das Mädchen einen Stuhl, und weil es sehr müde war, setzte es sich trotz des Schmutzes darauf.

Was war denn das? Der Stuhl verwandelte sich. Er wurde weich und sauber, es war herrlich, darauf zu sitzen. Da drang ein heller Strahl durch die geschlossenen Läden, und der Staub und die Spinnweben schillerten in allen Farben. Das Mädchen stand auf, öffnete die Fensterläden, und das Licht drang herein. Im ganzen Raum verwandelte sich alles, wurde hübsch und gemütlich. Voll Freude sah sich das Mädchen um.

Da ging die Türe auf und ein junger Mann, gross und schön, trat herein. In den Händen trug er ein frisches Brot, sodass der ganze Raum danach duftete. Das Mädchen erkannte, als es dem Mann in die Augen blickte, den Frosch. Der junge Mann erzählte nun, dass eine böse Fee ihn und diesen Raum, der das Herz des Schlosses ist, verzaubert hatte. Nur das Mädchen, das einst das Brot darin versteckt hatte, konnte ihn erlösen. Darum habe er den Hunger gesandt, das Mädchen zu suchen.

Beide assen nun das köstliche Brot, das der junge Mann gebracht hatte. Nun hatte das Mädchen sein Brot gefunden, konnte essen, bis es satt war, und der Mann blieb bei ihm, und beide lebten von dem Brot, das immer frisch und in Fülle da war.

Die Schlange

Das Mädchen erwachte, drehte sich auf den Rücken und blieb noch einen Moment lang liegen. Da schlängelte sich etwas links unter dem Bett hervor, giftgrün war es und ziemlich lang, - eine Schlange. Erschrocken sah das Mädchen zu, und Angst fuhr ihm in die Glieder.

„Wenn diese Schlange nur nicht zu mir ins Bett kommt", dachte es.

Aber schon war das Schreckliche geschehen. Die Schlange war blitzschnell zu ihm auf das Bett gekrochen und wand sich nun auf den Händen des Mädchens. Der Kopf war wie ein Schnabel geformt, so dass die Schlange richtig zubeissen konnte, und sie bewegte sich gefährlich um die Finger.

„Ganz ruhig muss ich liegen", sagte sich das Mädchen, „denn wenn ich mich bewege, beisst sie mich, vielleicht ist sie sogar giftig!"

Etwas jedoch musste geschehen. Das Mädchen wusste, dass man eine Schlange hinten am Kopf packen muss, damit sie nicht mehr beissen kann. Es blieb ihm also nichts anderes übrig als zuzupacken. - Es gelang! - Nun hielt es den Kopf der Schlange zwischen Daumen und Zeigefinger. - Aber was jetzt? Wohin oder was damit?

„Ich könnte sie mit einem Schuh töten."

Diesen Gedanken jedoch verwarf das Mädchen schnell. Es ging zum Fenster, öffnete es und warf die Schlange in den Garten!

„So", dachte es, „nun ist die Gefahr vorerst gebannt. Aber ich muss mir die Schlange zum Freund machen, sonst beisst sie mich plötzlich, wenn ich das Haus verlasse."

Das Mädchen holte Milch, goss etwas in ein Tellerchen, stellte es vor die Türe und schloss schnell wieder zu. Vom Fenster aus beobachtete es nun, was geschehen würde. Und richtig, die Schlange kam und trank die Milch.

Am nächsten Tag stellte das Mädchen wieder Milch hin, und die Schlange trank sie. So ging das etwa eine Woche. Immer schaute das Mädchen vom Fenster aus zu, wie die Schlange kam, trank und wieder verschwand. Es konnte jetzt die Schlange in Ruhe betrachten und fand die giftgrüne Farbe sogar bald schön, besonders, wenn die Sonne darauf schien.

So wagte es das Mädchen am nächsten Morgen, die Türe nicht ganz zu schliessen und der Schlange durch den Spalt aus der Nähe zuzusehen. Nun sah es, dass der Kopf zwar wie ein Schnabel geformt war, jedoch die kleinen Augen nicht böse, sondern eher traurig aussahen. Jeden Tag öffnete das Mädchen die Türe, wenn die Schlange kam, jedes Mal ein wenig mehr, bis - ja, bis das Mädchen eines Tages fand, es wäre schön, wenn die Schlange die Milch im Zimmer trinken würde. Also stellte es die Milch nahe bei der Türe hin, öffnete sie weit und versteckte sich schnell hinter dem Tisch. Die

Schlange kam herein, trank die Milch, richtete sich ein wenig auf und schaute umher. Sogleich aber verschwand sie wieder.

So ging es ein Weilchen, und jedes Mal blieb die Schlange ein wenig. Das Mädchen hatte sich nun ganz an den Besuch der Schlange gewöhnt.

Am nächsten Tag aber kam die Schlange nicht, die Milch blieb unberührt. Das Mädchen wartete und wartete, die Schlange kam nicht. Ganz still sass das Mädchen und hoffte, dass sie wieder kommen würde. Es stellte jeden Tag die Milch weiter ins Zimmer hinein und öffnete die Türe weit. Es versteckte sich auch nicht mehr, so sehr wünschte es, die Schlange käme wieder. Aber sie kam nicht. Da stellte das Mädchen die Milch neben seinen Teller auf den Tisch, öffnete die Türe weit, setzte sich an den Tisch und wartete.

Da kam die Schlange. Sie kroch mühsam, wie nach einer langen Reise, und die schöne, grüne Farbe war grau. Reglos wartete das Mädchen, um die Schlange nicht zu erschrecken. Am Tisch richtete sich die Schlange auf und sah ihren Teller neben dem des Mädchens. Plötzlich zerplatzte vor seinen Augen die alte, graue Haut der Schlange, und heraus trat ein schöner junger Mann.

Er erzählte nun, eine böse Fee hätte ihn in diese grässliche Schlange verwandelt, bis ihn ein Mädchen schön fände und zu sich zum Essen einladen würde. Nun waren beide froh und hatten sich lieb.

Die verlorenen Tränen

Es war einmal ein Mädchen, das war bei einer bösen Hexe eingesperrt, nicht etwa durch Mauern oder Gitter. Nein, diese Hexe hatte das Mädchen, als es spielend an ihrem Hause vorbei tanzte, durch einen Bann, einen Zauberspruch gefangen. Nun musste es den ganzen Tag der Hexe dienen, putzen, kochen, waschen. Immer, wenn es dachte, dass es etwas ruhen könne, war die Hexe mit einer neuen Aufgabe da. Das Mädchen wurde immer trauriger. Was aber noch viel schlimmer war: Es konnte nicht mehr weinen, denn die Tränen waren ihm verloren gegangen.

Eines Tages, es war schon Abend und das Mädchen sehr müde, hörte es jemanden seinen Namen flüstern. Suchend wandte es sich um, aber da war niemand.

„Hier bin ich", flüsterte es wieder.

Jetzt sah es neben seinem Fuss ein kleines Männchen, das nur so gross war wie eine Maus. Das Mädchen kniete nieder und fragte:

„Wer bist du? Wie heisst du?"

„Ich heisse Wurzel und bin ein Zwerg. Ich bin gekommen, dir zu helfen. Komm schnell, bevor die Hexe da ist."

Schon wollte der Zwerg verschwinden durch ein Loch im Boden, als er merkte, dass das Mädchen ja viel zu gross war, um ihm zu folgen. Mit einem

Stab berührte er die grosse Zehe des Mädchens, und flugs war es ebenso klein wie der Zwerg. Er nahm es bei der Hand.

„Schnell, schnell komm!"

In diesem Augenblick fuhr die Hexe ins Zimmer. Das Mädchen aber befand sich schon, geführt vom Zwerg, in einem Labyrinth von Gängen unter dem Boden. Anscheinend wusste der Zwerg, wo der Weg entlang ging, denn er eilte zügig voran. Das Mädchen hatte kaum Zeit, sich umzusehen. Immer tiefer hinunter stieg es über Treppen und Gänge in einem dämmrig braunen Licht. Am Anfang war es noch warm, aber je tiefer sie kamen, um so kälter wurde es. Das Mädchen fror.

„Wurzel, wohin führst du mich?"

Der Zwerg gab keine Antwort, im Gegenteil, er verwandelte sich, wurde grau verrunzelt und unansehnlich. Seine Hand wurde kalt, aber er liess das Mädchen nicht los. An den Wänden des Ganges bildete sich Eis. Eiszapfen versperrten den Weg, und sie mussten sich dazwischen hindurch schlängeln. Da öffnete sich der Gang, und sie gelangten in einen Raum, der ganz aus Eis war. Das Mädchen zitterte vor Kälte. Wurzels Hand glitt aus der seinen, steif wie ein Eisbrocken.

Da sah das Mädchen etwas auf dem Boden liegen, es glitzerte, ja, es waren gefrorene Tränen. Das Mädchen berührte sie mit ihrer Hand, sie waren kalt und steif. Gab es denn hier nichts Warmes, um sie aufzutauen? Doch wohin es blickte, alles war aus Eis.

Es schluckte, und plötzlich wusste es einen warmen Ort. Mit kalten Händen hob es die Eistränen auf und steckte sie in seinen Mund. Langsam schmolzen die Eistränen in seinem Mund, und es wurde warm! Ja, Wärme durchströmte die kalten Glieder des Mädchens bis in die Füsse.

Es fasste Wurzel neben sich an. Zur Freude des Mädchens verwandelte er sich zu dem lustigen Männchen, das er früher war. Im ganzen Zimmer sprang das Mädchen umher, und alles, was es berührte, wurde warm. Da fassten sich Wurzel und das Mädchen bei den Händen und tanzten im ganzen Raum umher. Türen gingen auf, die Sonne schien und das Mädchen weinte, ja, es weinte vor lauter Freude.

Der Schmetterling

Da lag er nun, der Schmetterling. Eben hatte er sich aus der Puppe herausgearbeitet, jetzt war es geschafft. Nun galt es, die Flügel auszubreiten und den Körper zu entfalten. Weil es schon den ganzen Tag geregnet hatte, war alles nass.

„Ich lasse mich zuerst trocknen", dachte er, „und dann, ja dann gaukle ich in die Welt hinein."

Ein kalter Hauch liess ihn erschauern. Was ist denn das? – Ja, der kleine Schmetterling war zu seinem Unglück am Abend ausgekrochen. Ein frischer Wind kündete eine kalte Nacht an. Es wurde rasch dunkel und die Kälte nahm zu. Der kleine Schmetterling zappelte mit den Beinen und pumpte Luft in seine Flügel, um sich Wärme zu geben, aber er war ja noch nass, und so gefror er ganz langsam.

Zuerst setzte sich das Eis auf die Enden der Flügel und begann langsam den ganzen Schmetterling zu überziehen wie ein Panzer. Nun hatte die Kälte es geschafft. Steif und leblos lag er da. War er nun tot? Nein, die Kälte konnte das Herz des kleinen Schmetterlings nicht gefrieren. Aber der Panzer wurde um so dicker je mehr die Nacht fortschritt.

So trafen die ersten Sonnenstrahlen, die der Morgen über die nahen Hügel tanzen liess, auf den kleinen Schmetterling, der steif und starr im Grase lag.

„Kommt!" riefen sie, „wir wollen ihm helfen, wir versuchen, ihn aufzutauen. Wir holen unseren stärksten Bruder, den Mittagsstrahl, dann ist das Eis schnell geschmolzen."

Die Sonne jedoch erklärte ihren eifrigen Kindern:

„Nein, wir müssen ihn langsam schmelzen, sonst besteht die Gefahr, dass er verbrennt. Es ist schon gut so, wie ihr angefangen habt. Zuerst sollen ihn die zartesten von euch streicheln und dann langsam die immer wärmeren, bis er am Ende ganz vom Eis befreit, trocken und warm ist."

Also geschah es. Den ganzen Morgen lösten sich die Strahlen durch immer wärmere ab. Die Eisschicht wurde immer dünner. Langsam spürte der Schmetterling, dass etwas mit ihm geschah. Er merkte, dass die Wärme ihn langsam vom Eis befreite. Er konnte schon ein wenig die Beine bewegen, die Flügel jedoch waren noch unbrauchbar.

Er sehnte sich doch so sehr danach zu tanzen! Die Wärme spürte er jetzt schon ganz deutlich. Weil er aber nicht wusste, was mit ihm geschah, bekam er Angst. Er zappelte und versuchte, mit den Flügeln zu schlagen. Das Eis hinderte ihn, und er litt grosse Schmerzen.

Der Schmetterling tat den Sonnenstrahlen leid. Sie wärmten ihn und versuchten, ihm zu erklären, dass sie ihm helfen wollten, aber er müsse warten, bis sie das Eis weggeschmolzen hätten. Dies müsse langsam geschehen, weil er sonst verbrenne. So fasste er Vertrauen und liess die Sonnenstrahlen gewähren. Durch all ihre Wärme begann er selber zu leuchten, und ein strahlendes Gelb wurde sein Kleid. Nun begann er zu tanzen und brachte Licht und Wärme von Blume zu Blume.

Das verwunschene Land

Mitten in einem schwarzen Wald lebte eine Köhlerfamilie. Der Köhler und seine Frau hatten einen Sohn, der an Beinen und Händen verkrüppelt war, sodass er nichts tun konnte. Mit ihnen lebte auch ein Mädchen, die Köhlerfrau hatte es einst im Wald gefunden und für ihren Sohn mitgenommen. So musste es auf den Knaben achten und ihn pflegen, wenn der Mann und die Frau zur Arbeit gingen.

Das Mädchen merkte, dass der Knabe am friedlichsten war, wenn es ihm seine Träume erzählte. Es träumte jede Nacht von einem hellen Land. Dort schien die Sonne, Wiesen luden zum Tanzen ein, Bächlein erzählten sprudelnd von ihren Reisen, Vögel sangen, Kinder spielten, und es war warm. Der Knabe hörte gierig zu und wünschte sich, dort zu sein. So ging die Zeit vorüber, bis eines Tages der Mann und die Frau am Abend nicht von der Arbeit zurückkehrten. Das Mädchen wartete mit dem Knaben viele Tage, aber sie kamen nicht wieder.

Nun begann der Knabe zu drängen:

„Komm, wir gehen und suchen das schöne Land, von dem Du mir erzählt hast."

Weil er nun nicht abliess zu drängen, nahm das Mädchen ein Tuch und band den Knaben auf den Rücken. Dann gingen sie in den Wald hinein. Es wusste ja nicht, in welche Richtung es gehen sollte und suchte mit den Augen Licht zwischen den dunklen Stämmen der Bäume. Aber so sehr es auch suchte, es schien immer dunkler zu werden und die Bäume standen je länger je dichter, sodass die Kronen kein Licht durchliessen. Auch der Knabe auf dem Rücken wurde immer schwerer, aber er liess dem Mädchen keine Ruhe.

„Geh weiter", befahl er, „du musst dieses Land finden!"

Das Mädchen stolperte über eine Wurzel und fiel hin. Viel zu müde, um wieder aufzustehen, schlief es sofort ein.

Da tauchte aus dem Dunkel der Stämme plötzlich ein Licht auf. Ein zweites gesellte sich dazu, dann wimmelten die Lichter durcheinander einer feinen Musik folgend. Es waren die Elfen auf dem Weg zu ihrem Festplatz. Ihre Königin hatte Geburtstag, und den zu feiern waren sie unterwegs. Dabei stiessen sie auf das schlafende Mädchen mit dem Knaben auf dem Rücken.

„Diese Kinder bringen wir unserer Königin!" riefen sie, und auf ihren Händen trugen sie die beiden zum Festplatz.

Die Feenkönigin kannte das Mädchen sofort. Es war die verstossene Prinzessin des nahen Königreichs des Lichts. Der König und die Königin hatten damals, als das Mädchen geboren wurde, befohlen, es fort zu bringen, weil sie sich einen Knaben gewünscht hatten. Damals wurde das lichte

Königreich dunkel, weil das Herz der beiden finster war, und Trauer lag über dem Land.

„Schnell, schnell, bringt diese beiden zum König und zur Königin!" befahl die Fee. „Dann werden die Herzen wieder hell."

So geschah es.

Als das Mädchen erwachte, fand es sich in einem weichen Bett wieder. Der König und die Königin bekamen helle Herzen und schauten ihre Tochter freundlich an.

„Wo ist der Knabe, den ich getragen habe?" fragte das Mädchen bedrückt.

Da ging die Türe auf und ein schöner Jüngling kam herein. Er trat ans Bett des Mädchens und erzählte ihm, er sei der Prinz des dunklen Waldes. Er habe dort warten müssen, bis eine Prinzessin ihn pflegen und tragen würde. Nun sei auch der Wald erlöst und hell.

„Willst du meine Frau werden?" fragte er.

Sie merkte, dass sie ihn schon lange lieb hatte. Nun gab es eine grosse Hochzeit und alle waren eingeladen.

Der Zauberspiegel

In einem grossen Wald lebten ein Mann und eine Frau, sie waren sehr arm. Die Frau aber hatte einst von einer bösen Fee einen wundervollen Spiegel erhalten. Er war aus Silber gehämmert, so fein, dass keine Kerbe die glatte Fläche trübte. Der Rahmen war mit Edelsteinen besetzt und mit Gold verziert.

Es war natürlich kein gewöhnlicher Spiegel, nein, er zeigte nämlich nicht das Bild dessen, der gerade hineinschaute, sondern, wenn die Frau in den Spiegel blickte, sah sie eine makellos schöne Frau. Die Frau wusste, dass sie selber nicht so schön war, denn dies sagte ihr der Spiegel sogar selber. Ja, er konnte sprechen. Der Frau gefiel es sehr, hinein zu blicken, und langsam wurde es ihr ganzes Bestreben, dem Spiegelbild gleich zu werden.

Tag und Nacht bemühte sie sich, der Dame im Spiegel ähnlicher zu werden. Sie braute Mixturen aus Kräutern und bereitete Salben aus Ölen mit Essenzen aller Art zu. Dann stand sie wiederum vor den Spiegel. Der aber war klug und hatte immer zuerst ein ermunterndes Wort, bevor er der Frau sagte, was ihr noch fehle. Die Frau aber hörte immer nur das Erste und glaubte, die Ähnlichkeit sei bald vollständig. Dabei merkte sie nicht, dass der Raum, in dem der Spiegel stand, jedes Mal, wenn sie ihn besucht hatte, eine dünne Eisschicht mehr bekommen hatte, und die Kälte wuchs.

Eines Tages bekam die Frau ein Kind, ein Mädchen. Sogleich nahm sie es mit zum Spiegel. Von nun an sah sie in ihrem Kind eine Schülerin. Sie glaubte nun selber, die Frau im Spiegel zu sein und merkte nicht, wie das Eis zunahm und das Mädchen fror. So wuchs das Kind auf. Den Vater sah es selten, denn er arbeitete den ganzen Tag im Wald, und wenn er abends nach Hause kam, war er müde und merkte nicht, was vor sich ging.

Es vergingen viele Jahre. Das Mädchen hatte während dieser Zeit nur gelernt, in der Kälte des Eiszimmers auszuharren und dem Spiegelbild und der Mutter nachzueifern. Dabei merkte es wohl, dass die Mutter nicht dem Spiegelbild glich, aber, wenn es etwas sagte, wurde die Mutter sehr böse.

Einmal sass das Mädchen vor dem Haus und sah einen weissen Vogel, der auf einem Ast in der Nähe so schön sang, dass das Mädchen aufstand und zu ihm gehen wollte. Der Vogel aber flog davon auf einen anderen Ast. Alles um sich her vergessend folgte das Mädchen dem lieblichen Gesang des weissen Vogels immer tiefer in den Wald hinein, bis es zu einem Häuschen an einem Teich kam. Da verschwand der Vogel. Erschrocken sah sich das Mädchen um. Aus der Türe des Häuschens trat eine Frau. Sie sah das Mädchen freundlich an.

„Willst Du ein wenig bei mir bleiben?" fragte sie und es klang wie der Gesang des weissen Vogels.

Das Mädchen verlor alle Angst und sagte zu. In dem Häuschen bekam das Mädchen ein heimeliges Zimmer mit einem warmen Ofen.

„Komm", sagte die Frau mit den freundlichen Augen und der Stimme des weissen Vogels, „wir setzen uns ein wenig an den Ofen."

Eine Zeit lang spürte das Mädchen nur die Wärme des Ofens und die Nähe der Frau. In ihm wurde etwas warm, und es begann, vom Spiegel und seiner Mutter zu erzählen. Die Frau, die natürlich eine gute Fee war, hörte ruhig zu. Als es geendigt hatte, nahm sie das Mädchen bei der Hand.

„Komm", sagte sie wieder und führte das Mädchen an den Teich, dessen Wasser so klar und durchsichtig war, dass man jedes Steinchen auf dem Grund erkennen konnte.

„Sieh hier hinein", sagte die Frau.
Ein klares Mädchengesicht sah ernst zu ihm hinauf.

„Das bist du! Aber nun komm, das ist für heute genug. Morgen gehen wir wieder zum Teich und übermorgen, du wirst jedes Mal ein wenig mehr von dir selbst erkennen."

So geschah es. Langsam taute das Mädchen in der Wärme des Ofens und der Nähe der Frau auf, und es wurde immer vertrauter mit seinem Bild im klaren Teich.

Eines Tages war das Mädchen allein. Da wuchs das Verlangen in ihm, zum Teich zu gehen und sich zu betrachten. Sollte das Mädchen es wagen, ohne die Frau zum Teich zu gehen? Schon stand es auf. Am Rande des Teiches schloss es angstvoll die Augen. Dann öffnete es sie und blickte froh in das Antlitz, das es ja kannte. Langsam setzte es sich hin und öffnete spielerisch seine Zöpfe, bis das Haar um sein Gesicht floss und beinahe den Wasserspiegel berührte. Da stand die Frau hinter ihm und strich ihm übers Haar.

„Du hast nun dich kennen gelernt, du bist nun bereit, den Wald zu verlassen. Komm, ich zeige dir den Weg, es ist Zeit."

„Werde ich dich nie wieder sehen?" fragte das Mädchen traurig.

„Ich werde immer da sein, wenn du mich brauchst, aber jetzt bist du gut gerüstet", und damit war sie verschwunden.

Das Mädchen sah vor sich eine blühende Wiese mit duftenden Blumen und saftigem Gras, Schmetterlinge und Bienen gaukelten und summten von Ort zu Ort. Hinter sich hörte es den Gesang des weissen Vogels. Die Sonne schien warm. Da wagte es sich in diese neue Welt hinaus.

Der Traum des Schmetterlings

Die immer länger werdenden Schatten mahnten den sonnen-, nektar- und farbentrunken gaukelnden Schmetterling, sich ein Plätzchen zum Schlafen zu suchen. Müde war er ja nach diesem ersten Tag seines Lebens, da er als Schmetterling so frei und mit immer grösserer Wonne von Blüte zu Blüte tanzte, sich voll sog mit Nektar und Wärme auf dieser herrlichen Wiese am Waldrand. Da bot ein naher Baum sein grünes Blätterkleid zur Ruhe an. Ein grosses samtenes Blatt suchte er sich aus. Hier wollte er nun schlafen, bis ein neuer Tag ihn wecken würde mit freundlich warmem Licht.

Da stieg ein fremder, neuer Duft in die feine Nase des Schmetterlings. Er liess zuerst die Flügel, dann den Körper bis in den Kopf erzittern und zugleich betäuben, bis er, ganz in den Bann geschlagen, die Flügel ausbreitete, um dem Duft zu folgen. Er versuchte, sich dem Bann zu entziehen, denn er war ja so müde. Aber es half nichts, es war, als zöge ihn eine ganze Wolke fort.

Wohin? Sein Flug war taumelnd wie blind und führte ihn dem düsteren Waldrand entgegen. Plötzlich wurde er gestoppt durch einen sanften Aufprall, der wohl federnd aufhielt, aber doch nicht freigab. Langsam kam er zu sich. Er versuchte, sich zu spüren, zu sehen, wo er war, und fand sich wieder im feinen Netz einer Spinne.

Zu Tode erschrocken begann er zu zappeln und mit den Flügeln zu schlagen. Aber die Fäden des Gewebes waren mit Leim bedeckt, sodass er immer stärker darin verstrickt wurde. So schnell wollte er nicht aufgeben. Er sammelte alle seine Kräfte in sich und wehrte sich gegen die haftenden Bande.

Dann sah er die Spinne. Gerade über ihm sass sie, den dicken Körper mit den behaarten Beinen fest in dem von ihr gespannten Netz verankert. Nun hatte sie ihr Ziel erreicht, den bunten, leichten, zarten Sommerboten, den sie eifersüchtig den Tag durchtanzen sah, nun hatte sie ihn angelockt mit ihrem Duft und im Netz gefangen. Sie konnte sich Zeit lassen, er war ihr sicher. Sie gedachte, ihn durch einen Biss mit ihrem Gift zu töten.

Der Schmetterling hatte sich durch sein Zappeln nun vollends verstrickt und war erschöpft. Todesangst erfüllte sein ganzes Sein. War jetzt alles aus? Da schoss aus dem Geäst des Baumes eine Eule hernieder. Mit starkem Schnabel frass sie die dicke Spinne als einen Leckerbissen und zerriss mit ihren grossen Schwingen das Netz.

Der Schmetterling erschauerte im kühlen Tau des erwachenden Morgens. Er fand sich wieder auf dem samtenen Blatt, auf dem er eingeschlafen war. Die ersten Sonnenstrahlen lockten ihn zu neuem Tanz.

Der böse Zauberer

Im Orient lebte einst ein böser Zauberer, der liebte es, sich einen grossen Harem zu schaffen. Wenn er eine schöne Frau sah, brauchte er nur seinen stechenden Blick auf sie zu richten, und er konnte die Reglose wie eine Blume pflücken und in seinen grossen Saal bringen, wo er sie und bald auch ihre Kinder alle zusammen unter Kontrolle hatte. Er selber braute in einem anderen Raum nebenan unter anderem Getränke und Wässerchen für seine Wünsche.

Nun geschah es, dass zwei Frauen einen Blick in diesen Raum werfen konnten und so hinter das gut gehütete Geheimnis des Zauberers kamen. Er aber erwischte sie dabei und befahl ihnen, sofort den Raum zu verlassen: Als Strafe für ihr Tun müssten sie den Tod erleiden! Die ältere der beiden Frauen konnte beim Hinausgehen noch schnell einer anderen jungen Frau zuflüstern:

„Der Zauberer stellt drei Gläser auf jenen Tisch dort, gefüllt mit drei verschiedenen Flüssigkeiten. Von der schwarzen musst du etwas auf den Boden giessen. Aber trink sie ja nicht!"

Dann schloss sich die Türe hinter ihnen. Der Zauberer folgte den Frauen nicht sogleich, sondern überblickte nochmals den Raum mit seinem stechenden Blick. Dann nahm er ein grosses Papier und heftete es an die Wand wie eine Tapete. Danach folgte er den zwei Frauen, die sein Geheimnis entdeckt hatten.

Als er verschwunden war, überfiel jene junge Frau, welcher das entdeckte Geheimnis anvertraut worden war, eine bleierne Müdigkeit am ganzen Körper. Jede Bewegung kostete sie unendliche Mühe. Auch der Kopf war benebelt, so dass ihr das Denken grosse Mühe bereitete. Dazu bemerkte sie, dass sie stumm geworden war. Sie schob sich ganz langsam auf den Tisch zu. Um dahin zu gelangen, musste sie am Papier an der Wand vorbei gehen. Nun sah sie, dass dies gar kein Papier war, sondern ein Fenster in den Zauberraum. Dort sass der böse Zauberer, sein Blick bannte sie auf der Stelle. War nun alles vorbei?

Im Hintergrund des Saales spielten die Kinder und spielend näherten sie sich dem Tisch. Ein kleiner Junge sah die Gläser darauf. Er war ein neugieriger Bub, und so kletterte er auf einen Stuhl, um zu sehen, was das sei. Die anderen Kinder ermutigten ihn und sagten:

„Ja! sieh nach, was das ist. Vielleicht ist es gut zu essen."

Nun hatte er ein Glas erreicht, nahm ein Löffelchen und versuchte zuerst die braune Flüssigkeit, dann die gelbe. Die junge Frau sass am Boden und musste zusehen. Nun tauchte der Kleine das Löffelchen in die schwarze Flüssigkeit. Trink sie nicht, flehte die Frau innerlich, das ist gefährlich, aber sie war ja stumm. Der Kleine schob etwas Flüssigkeit in den Mund, doch sie tropfte daneben, weil er ein kleiner Bub war.

Da fuhr ein weisser Blitz durch den Raum. Die Kinder flohen angstvoll schreiend. Im selben Augenblick fiel alle Schwere von der jungen Frau ab. Sie stellte sich zwischen den Tisch und die Kinder und rief:

"Habt keine Angst, ich bin jetzt da, ich übernehme die Verantwortung. Es geschieht euch nichts!"

Da standen auch schon drei Zauberer vor ihr, alle schwarz angezogen mit schwarzen Zylindern. Die junge Frau spürte in ihrer rechten Hand eine weiche Masse, und wie sie eine Faust machte, formte sich die Masse zu einem gelben Revolver, den sie auf den grossen Zauberer in der Mitte richtete. Der biss ein kleines Stück davon ab, aber die Frau sagte furchtlos:

"Deine Macht ist nun vorbei."

Wieder schoss ein weisser Blitz durch den Raum. Die Zauberer waren verschwunden, und vor der jungen Frau lag ein Mann in einem gemusterten Hemd. Er war bewusstlos, aber, wie er zu sich kam und sich aufrichtete, schaute er die junge Frau freundlich an.

„Du hast mich erlöst", sprach er. „Ich musste dieser böse Zauberer sein, bis eine junge Frau keine Angst mehr vor mir haben würde." Sie gewannen sich lieb und blieben von nun an zusammen.

Das zerstörte Instrument

Es war einmal ein weiser König, der hatte einen Sohn. Als dieser gross geworden war, liess er ihn rufen und sprach zu ihm:

„Du bist mein Sohn, und du wirst einmal das Land regieren, das ich bis jetzt verwaltet habe. Bevor ich es dir übergebe, sollst du sieben Jahre durch dieses Land reisen, nicht als Prinz, sondern unerkannt sollst du reisen und dein Brot selbst verdienen."

Also geschah es. Als Wandersmann gekleidet verliess er das Schloss seines Vaters. Da kam er zu einem grossen Bauernhof.

„Hier will ich bleiben und nach Arbeit fragen", dachte der Prinz, und wirklich, der Bauer stellte ihn als Knecht ein.

Eines Tages fand er auf einem Speicher in einer verstaubten Ecke ein altes, verschmutztes Saiteninstrument. Es zog ihn seltsam an. Er räumte allerlei Krimskrams weg, der auch dort lag, und nahm es in die Hände. Es war schmutzig, die Saiten gesprungen. Als er mit der Hand darüber strich, war ihm, als höre er eine wundersam feine Musik. Sorgsam stellte er das Instrument zurück.

Ein Jahr diente er dem Bauern, dann zog es ihn weiter.

„Du hast gut und fleissig gearbeitet, du sollst einen gerechten Lohn haben, sag mir, hast du einen Wunsch?"

„Ich möchte als Lohn das alte Instrument haben, das auf deinem Speicher steht", antwortete der Prinz.

Der Bauer schaute den jungen Mann erstaunt an.

„Merkwürdig", sagte er, „meine alte Grossmutter hat erzählt, dieses Ding sei einmal sehr kostbar gewesen und habe wunderschön geklungen. Sie habe schon von ihrer Grossmutter gehört, dass einmal eine Zeit komme, in der es wieder zum Klingen komme. Wie dies geschehen soll, weiss ich nicht. Ich glaube es auch nicht, das Instrument ist ja so schmutzig und die Saiten sind gerissen. Du kannst es gerne haben!"

Der Prinz legte das Instrument in seine Tasche und ging fort. Nun begann er nach jemandem zu suchen, der das alte Instrument flicken konnte. Von Dorf zu Dorf fragte er, aber niemand wusste Rat. Jeden Abend, bevor er einschlief, nahm er sein Instrument hervor. Wenn er mit der Hand darüber strich, hörte er in sich die Musik, so weich, sanft und süss. Immer mehr wünschte er, dass sein Instrument ganz würde und suchte weiter.

Er kam in eine Wüste und litt grossen Durst. Er vergass sogar, dass er ein Prinz war. Nur am Abend, wenn er vom Suchen rastete, holte er sein Instrument hervor, strich darüber, und die warme, süsse Musik tröstete ihn. Endlich fand er Wasser, als er davon trank, wusste er auch wieder, wer er war. Wie viele Jahre war er wohl schon von zu

Hause fort? Er wollte nicht zurückkehren, bevor er jemanden gefunden hatte, der sein Instrument heil machen konnte.

Also ging er weiter und geriet in einen dunklen Wald. Gegen Abend stiess er auf eine alte Hütte. Er klopfte an und trat ein. Da sass eine alte Frau, die an einem Spinnrad spann.

„Wer bist du?" fragte sie.

„Ich bin ein Prinz. Mein Vater hat mich ausgesandt, mein Land kennen zu lernen, bevor er es mir übergibt. Ich habe ein altes Saiteninstrument gefunden, das entzwei ist, die Saiten sind zerrissen, und ich suche jemanden, der es heil machen kann. Wenn ich mit der Hand darüber streiche, höre ich seine Musik in mir, die ist so weich, warm und zart, dass ich alles darüber vergesse."

„Gib mir das Instrument", sagte die alte Frau.

Zögernd packte der Prinz sein Instrument aus und legte es in die ausgestreckten Hände der alten Frau. Kaum berührten ihre alten Hände das alte Instrument, umflutete sie ein warmes, helles Licht. Vor den Augen des Prinzen stand ein junges Mädchen, das spielte seine Melodie auf dem wunderschönen Instrument und schaute ihm ernst in die Augen. Als er das Mädchen ansah, wusste er: Er war zu Hause und hatte gefunden, was er gesucht hatte. Da erschien auch sein Vater, die alte Hütte hatte sich in sein Schloss verwandelt. Das Mädchen und der Prinz heirateten, der Vater übergab ihm sein Land, er wurde ein guter König.

Der eisige Nordwind

Es war einmal eine kleine Stadt in einer grossen Steinwüste. Nirgends war ein Berg, ein Hügel oder auch nur ein Baum, der die kleine Stadt schützend umgeben hätte. Darum konnten die Winde von allen Seiten auf sie einstürmen. Vor allem war da der gefürchtete Nordwind. Wenn dieser daherbrauste, kalt, ja, eisig und wild, gefror alles in der kleinen Stadt.

Die Menschen konnten nicht genug heizen in den Häusern. Durch alle Ritzen, Spalten und Fugen drang der kalte Wind und machte alles steif. Die Bewohner der kleinen Stadt hatten sich Mühe gegeben und die Häuser ganz nah zusammen gebaut, sie hatten eine Mauer rund um die Stadt errichtet und alles abzudichten versucht. Aber es half nichts, der Nordwind drang durch alles hindurch. Angst breitete sich in der kleinen Stadt aus und lähmte die Bewohner mehr und mehr. Nirgends waren sie sicher vor dem alles durchdringenden, kalten, eisigen Wind. Er brauste aus heiterem Himmel plötzlich daher und tobte durch die kleine Stadt.

In dieser Stadt lebte eine junge Frau. Sie fürchtete sich und fror wie alle anderen Bewohner. Sie versuchte jedoch, allen zu helfen, wenn sie um Rat gefragt wurde. Immer neue Ideen hatte sie, um den Wind abzuhalten, sei es mit einer neuen Mauer oder mit einer Masse, um die Ritzen zu dichten. Der Wind aber kam entweder von einer anderen Seite oder blies so stark, dass nichts ihn aufhalten konnte. Im Gegenteil, je mehr sich die junge Frau bemühte, um so stärker und kälter stürmte der Wind.

Wieder einmal war ein solch dunkler, kalter Sturmtag. Die junge Frau fror, und ihre Glieder waren ganz steif. Sie versuchte, eine Kerze anzuzünden, aber der Wind blies das Lichtlein sofort aus. Da wünschte sich die junge Frau den Tod, legte sich hin und überliess sich dem Wind. Der kam dahergebraust und fand zum ersten Mal keinen Widerstand. Er fuhr in die Hütte und fand die junge Frau auf dem Boden liegend. Da entdeckte er, wie schön sie war, so zart und fein, und er wünschte sich, sie wieder lebendig zu sehen.

Nun geschah es, dass der Wind sich verwandelte und die Gestalt eines Mannes annahm. Er begann, die kalten Glieder der jungen Frau zu streicheln und zu wärmen. Ganz langsam wurde sie warm und lebendig. Sie schlug die Augen auf und sah den Mann.

„Wer bist du?" fragte sie.

„Ich bin von einer bösen Fee in einen kalten, grausamen Wind verwandelt worden, dem sich alles verschliessen musste. Du hast mich erlöst, weil du mir keinen Widerstand entgegengesetzt hast. Nun siehst du mich in meiner wahren Gestalt."

Sie gewannen sich lieb und heirateten. Die kleine Stadt begann zu erblühen. Gras wuchs, Blumen blühten, die Sonne schien, ja, mit der Zeit wuchsen Bäume, und diese haben mir diese Geschichte erzählt.

Di jung Frau im höche Turm

Zmitzt in erä grosse Stadt hät e jungi Frau gläbt. Es isch en höche Turm gsi, wo si zoberscht es chlises Zimmer gha hät. Es isch heimelig igrichtet gsi, aber d Türe isch von erä böse Fee bewacht worde und si hät si gschlosse gha und vor em Fenschter häts Gitter gha. Di jung Frau isch schön gsi, aber das hät niemer gseh. So wit ufe hät sich niemer verirrt. Und wenn er no ufe cho wär, so wär ja d Türe sowieso gschlosse gsi.

Di jung Frau hät vill us em Fenschter glueget uf s Läbe vo dä Mänsche wit unde uf em Platz. Wie gern wär si au det gsi. Si hät emal di bös Fee bittet, si nu es bitzeli abe z la. Aber d Fee hät nu bös glachet und gseit:

„Nie lan ich dich zu dä andere Lüt. Und wenn du söttisch doch emal abe ga, so wirsch du ganz hässlich und verchrüpplet werde."

Verschrocke isch di jung Frau still gsi und elei blibe.

Aber de Wunsch nach em Läbe isch in irä so gwachse, dass d Sehnsucht übermächtig worde isch. Villicht hät di bös Fee mir nume welä Angscht mache mit derä Drohig, ich seig dänn wüescht und verchrüpplet. So hät si tänkt und agfange ufpasse, wo di bös Fee dä Schlüssel ane tüeg, wänn si is Zimmer chunt. Si hät en aber immer i dä Hand bhalte. Di jung Frau hät sich öppis müese ustänke, dass d Fee de Schlüssel falle lat oder ableit.

D Fee hät nu öppis nöd vertreit, nämmlich schöni Musik. Mit was chönt ich Musik mache? Ich han ja keis Instrument, hät si zu sich selber gseit und im gliche Moment gwüsst, dass si d Stimm cha bruche. Ich versueche, so schön singe z lehre, dass d Fee furtrennt, will sis nöd cha ushalte. So hät si immer güebt, wenn d Fee furt gange isch. Z erscht häts ja nöd grad schön tönt, aber si hät agfange, dä Vögel zuezlose und so langsam immer e schöneri Stimm übercho.

„So, wenn si morn chunt, fang ich a singe, jetzt isch es sowit, ich gspüres."

So isch es passiert. Wot Fee im Zimmer gstande isch und grad wieder hät welä gschlüsse, hät di jung Frau s Herz i beidi Händ gno und agfange singe, so schön wie e Nachtigall. D Fee hät lut göisset und isch was gisch, was häsch furtgrännt. Si isch sogar über d Türschwelä gstolperet, so häts pressiert. Di jung Frau isch gschnell dur di offe Türe gwütscht a dä böse Fee vorbi und die vile Stäge abegsprunge. Aber z underscht isch si gstolperet und abegfalle.

En Moment isch es gange, bis si wieder zu sich cho isch. Zerscht hät si Angscht gha, d Fee hol si wieder zrugg, aber derä iri Macht hät nöd übers Zimmer obe im Turm usglanget. Si hät ufgschnufet, wo si das gmerkt hät. Jetzt hät si probiert ufzstah. Aber en furchtbare Schmerz hät si durzuckt. S lingg Bei isch broche gsi. Da isch erä in Sinn cho, was di bös Fee für en böse Fluech über si gseit het, wenn si emal zu de Lüt chöm.

Jetzt isch si also verchrüpplet gsi und wahrschindlich au hässlich. Ganz trurig isch si worde, und si hät sich an es sunnigs Plätzli gschleikt. Det isch si uf dä Bode gsässe und hät ufglueget, wo si jetzt au sig. Vill Lüt sind anerä verbi ghaschtet. Ali händ pressiert, irgendwohi, und händ di jung Frau nöd gseh, wo da am Bode gsässe isch.

Da händ plötzlich Trompete d Akunft von eme wichtige Maa agkündet. Es isch dä Prinz gsi, wo mit sim Wage usgfahre isch. Plötzlich sind d Ross stah blibe, grad det, wo di jung Frau am Bode gsässe isch. Dä Prinz lueget, warum d Ross stah blibe sind und gseht di jung Frau in ihrer ganze Schönheit. Er isch usgschtige, het si uf d Aerm gno und in Wage treit. Im Schloss hänbs en guete Dokter gha. Dur sini Pfleg isch di jung Frau gli gsund gsi, und i derä Zit händ de Prinz und di jung Frau sich gern übercho und händ Hochzit gfiret, und alli Lüt vom Platz händ törfe mitfire.

Die Quelle

In einer grossen Wüste war eine kleine Oase. Sie war sehr klein. Eigentlich bestand sie nur aus drei Palmen, drei Hütten mit drei Männern und drei Frauen und einem tiefen Ziehbrunnen. Ausserdem wohnte in einer kleinen Hütte abseits, gerade beim Brunnen, eine junge Frau. Sie liebte diesen Brunnen, sass gerne daran und hörte dem Gurgeln des klaren Wassers in der Tiefe zu. Jedes Jahr zur gleichen Zeit regnete es einen Tag lang. Das genügte der Quelle des Brunnens, wieder frisches Nass sprudeln zu lassen ein ganzes Jahr lang.

Dieses Jahr war der Tag des Regens schon vorbei, die Sonne schien heiss und kein einziges Wölkchen zeigte Regen an. Die junge Frau sass am Brunnen. Das Gurgeln war schon schwächer. Ängstlich horchte sie in die Tiefe. Da war ihr, als spreche das Gurgeln des versickernden Wassers mit schwacher Stimme:

„Suche die Quelle, der Regen ist dort gefangen!"

„Ja, aber wohin muss ich gehen?" fragte die junge Frau.

Es kam keine Antwort. Das Wasser war verstummt. Erschrocken sass sie da und dachte an ihren Auftrag: Suche die Quelle, dort ist der Regen gefangen!

Dann stand sie auf und schaute sich um. Da kamen die drei alten Frauen zu ihr und brachten ihr eine Kokosnuss.

„Diese sollst du mitnehmen. Sie ist immer voll süsser Milch, damit du keinen Durst leiden musst."

Auch die drei Männer waren gekommen. Sie hatten ein Säcklein mit Brot mitgebracht.

„Nimm es, es ist immer Brot darin, wenn du Hunger hast."

Die junge Frau dankte, und so ausgerüstet machte sie sich auf in die Wüste.

Sie war froh, die Kokosnuss und das Säcklein mit dem Brot bei sich zu haben, dies machte ihr Mut. Der Weg war steinig, und die Sonne schien immer heisser vom Himmel herunter. Den ganzen Tag wanderte sie immer weiter in die Wüste hinein, gegen Mittag brannten die Steine des Bodens durch die Schuhe der jungen Frau. Die Luft flimmerte so sehr, dass sie nicht mehr wusste wohin. Überall war steinige Wüste, doch dort, ja, ganz nah, war eine Oase mit Palmen, die erquickenden Schatten versprach.

Eilig schritt sie aus, aber die Oase verschwand, es war eine Fata Morgana. Sie hätte es wissen müssen, aber die Spiegelung war so echt gewesen und so recht nach ihrem Wunsch.

Hie und da wuchsen wenigstens ein paar Dornbüsche, die etwas Schatten gaben. So setzte sie sich in ihre Nähe in den dürftigen Schatten, nahm ihre Kokosnuss und das Säcklein mit Brot und wollte sich stärken. Da raschelte es in ihrer Nähe, eine Schlange wand sich auf sie zu. Die junge Frau war starr vor Schrecken. Die Schlange sprach:

„Ich tue dir nichts. Bitte gib mir etwas Milch aus deiner Kokosnuss zu trinken."

Eilig goss die junge Frau etwas Milch in die Höhlung eines Steines. Die Schlange hob ihren zierlichen Kopf und trank die Milch. Die junge Frau konnte sie nun in Ruhe betrachten. Sie war ganz weiss und glänzte in der Sonne. Auf der Stirn trug sie ein grünes Zeichen. Alle Angst hatte die junge Frau verloren, und sie hätte sie gerne gestreichelt. Als die Schlange das merkte, warnte sie:

„Rühr mich nicht an, sonst muss ich dich beissen und du musst sterben. Aber ich zeige dir den Weg durch die Wüste bis zur Quelle des Brunnens."

So machten sie sich auf den Weg weiter in die Wüste hinein. Heiss war der Nachmittag. Die Hitze flimmerte wieder, und wieder erschienen lockende Bilder von Oasen und Seen. Die junge Frau jedoch sah die Schlange vor sich her durch die Steine kriechen und folgte ihr. So verlor sie ihre Kraft nicht im Rennen nach den Spiegelungen. Zwischendurch machten sie Pausen. Die junge Frau goss immer zuerst der Schlange Milch in einen ausgehöhlten Stein, dann ass und trank sie selber.

Es wurde Nacht. Die junge Frau bettete sich so gut es ging zwischen die Steine. Die Schlange war ja hier zu Hause. Es wurde bitter kalt, und die junge Frau fror. Eng zog sie den wollenen Schal, der ihr am Tag gegen die Sonne Schutz geboten hatte, nun gegen die Kälte um sich.

Endlich wurde es Tag, und die Hitze kam zurück. Sie nahmen den Weg zusammen wieder auf. Die Schlange sah, dass die junge Frau mutlos war und tröstete sie:

„Heute werden wir die Quelle finden, dann musst du sie und den Regen befreien. Fürchte dich nicht, du wirst die Aufgabe lösen."

Gegen Mittag sah die junge Frau Berge am Horizont auftauchen. War das wieder eine Spiegelung? Die Schlange kroch direkt darauf zu, die Berge kamen näher, und sie blieben. Jetzt waren die beiden schon nahe daran. Es waren riesige Steinblöcke. Hier war eine Höhle. Die Schlange kroch hinein, die junge Frau folgte ihr. Dunkelheit und eine bedrückende Stille umfingen sie bald.

Da begann das grüne Zeichen am Kopf der Schlange wie eine Lampe zu leuchten. Die junge Frau sah eine schmale Rinne neben sich. Die Schlange kroch ihr entlang. Das war das steinerne Bett der Quelle, aber kein Tropfen Wasser belebte es. Plötzlich war der Gang zu Ende. Eine Felsplatte versperrte den Weg. Nun hörten sie es: Hinter der Platte sprudelte die Quelle und rauschte der Regen. Die Wolken, der Blitz und der Donner waren ebenfalls dahinter eingeschlossen.

Die Schlange erzählte nun der jungen Frau, eine böse Fee habe diese Felsplatte hergezaubert, um das Leben in der Wüste zu ersticken und in ihre Macht zu bekommen. Sie, die Schlange, sei der Prinz der Quelle und des Regens. Die böse Fee habe ihn in diese Schlange verzaubert. Jetzt komme die böse Fee wieder in diese Höhle, um zu kontrollieren, ob die Felsplatte noch festsitze.

„Sie kommt, ich spüre es, komm, wir verstecken uns!"

Da sah die junge Frau einen riesigen Schatten durch die Höhle gleiten. Er füllte sie ganz aus und hatte keine Gestalt. Schwarze Wolken wallten hierhin und dorthin. Aus dem Innern kam ein wütendes Knurren. Giftige Dämpfe drangen in Hals und Magen der Frau und machten, dass ihr grässlich schlecht und elend wurde. Die junge Frau riss ihre Augen weit auf vor Angst, taumelte und fiel gegen die Felsplatte. Ein gewaltiger Knall durchdrang die Höhle. Die Felsplatte sprang von oben bis unten entzwei, und heraus brausten die Quelle und der Regen, begleitet von Blitz und Donner, mit solcher Macht, dass sie das ganze dunkle Gewölk mit ihren giftigen Dämpfen mitrissen. Als die junge Frau erwachte, sass ein Mann neben ihr.

„Du hast mich, die Quelle und den Regen erlöst, weil du es gewagt hast, hierher zu kommen."

Die Höhle war ganz mit Kristallen bedeckt, diese leuchteten in allen Farben im Licht der Sonne, die durch den Höhleneingang drang. Der Mann nahm die junge Frau bei der Hand und führte sie hinaus. Da war keine Wüste mehr, sondern Wiesen und Blumen. Das Wasser hatte alles zum Leben erweckt.

Der furchtbare Wolf

Mitten in einem grossen, dunklen Urwald lag eine kleine Stadt. Sie war sehr klein, und der dichte Urwald umschloss sie wie eine Klammer. Ja, er wuchs sogar immer weiter. Ganz langsam, mit immer neuen kleinen Bäumchen, wucherndem Gebüsch, mit grossflächigen Elefantenblättern drohte er die kleine Stadt aufzufressen. Da half kein Ausreissen, Roden und Sprühen, mit dem sich die wenigen Einwohner zu wehren suchten.

Das aber war noch nicht alles. Immer wieder hörten sie des Nachts das furchtbare Heulen des Herrn dieses Urwaldes, eines Riesenwolfs, ganz schwarz mit grossen Reisszähnen und böse funkelnden, roten Augen. Er kam alle sieben Jahre in die kleine Stadt und forderte das jüngste Kind heraus, damit er es in den Urwald mitnehmen und dort fressen konnte. Wenn die Bewohner sich weigerten, drohte er, alle aufzufressen und die kleine Stadt vom Urwald überwuchern zu lassen. Gaben sie aber das Kindlein heraus, wollte er wieder sieben Jahre warten.

In dieser kleinen Stadt lebte eine junge Frau. Als das Untier wieder einmal ein Kindlein geholt hatte, beschloss sie, in den Urwald zu gehen, den Wolf aufzusuchen, um bei ihm für die kleine Stadt zu bitten. Also machte sie sich auf und drang in den Urwald. Mit blossen Händen bahnte sie sich einen

Weg. Bald bluteten ihre Hände, aber je weiter sie vordrang, umso williger liessen sich Zweige beugen, Äste wegschaffen und Lianen entwirren. Am Anfang schien noch etwas Licht durch die Wipfel der Bäume, doch je mehr sie vordrang, umso dunkler wurde es. Es war feucht und heiss.

Da stiess sie auf eine grosse, schwarze Höhle. Es war die Höhle des Wolfes. Heulend und bellend kam er heraus. Mit fletschenden Zähnen und böse funkelnden Augen fragte er die junge Frau:

„Was willst du hier?"

Die junge Frau nahm allen Mut zusammen und antwortete:

„Ich möchte dich für die kleine Stadt mit ihren Kindern bitten, dass du sie in Frieden lässt. Vielleicht kann ich dir dafür dienen."

Der Wolf schaute gierig auf die junge Frau.

„Gut", sagte er, „du sollst mein zottiges Fell pflegen bis es fein und glänzend wird. Wie du das schaffst, ist deine Sache. Wenn aber die sieben Jahre vorbei sind und mein Fell nicht fein und glänzend ist, fresse ich zuerst dich auf und dann die kleine Stadt mit allen Bewohnern."

So ging die junge Frau mit ihm in die schwarze Höhle. Das fürchterliche Tier legte sich ans Feuer und schlief ein. Die junge Frau setzte sich in einiger Entfernung in eine Ecke der Höhle und betrachtete von dort das Fell des riesigen Wolfes. Zottig, mit verfilzten Stellen, schmutzig und fahl war es anzuschauen, ein entmutigender Anblick.

„Wie soll ich es nur anstellen, dieses Fell fein und glänzend zu machen. Ich habe Angst!"

Dann aber stand sie auf und trat zu dem Tier. Angstvoll und sich ekelnd betrachtete sie das Fell. Wieder hatte sie nur ihre Hände für die Arbeit. Hart und unentwirrbar fühlte sich das Fell an. Sie begann vorsichtig, die grössten Dreckklumpen aus dem Fell zu lösen. Ja, sie musste vorsichtig zu Werke gehen, denn sobald es zupfte, knurrte der Wolf im Schlaf. Die ganze Nacht versuchte sie, auf diese Weise das Fell zu säubern. Doch als der Morgen graute, sah man nicht viel.

Der Wolf erwachte, streckte sich und verschwand im Urwald. Die junge Frau suchte in der Höhle etwas Nahrung und fand frisches Brot und Wasser für sie bereit gestellt. Sie ass und trank. Dann schlief sie ein und erwachte erst, als der Wolf zurückkehrte.

Er hatte ihr etwas Stroh mitgebracht, das er in die Ecke legte, wo sie geschlafen hatte. Dann ging er zum Feuer und schlief wieder ein. Die junge Frau hatte erstaunt gesehen, dass der böse Wolf ihr etwas gebracht hatte, und machte sich wieder daran, das Fell zu säubern. Auch diese Nacht versuchte sie wieder, die Dreckklumpen aus dem Fell zu lösen.

Am Morgen hatte sie die grössten Klumpen entfernt. Der Wolf stand auf und ging fort. Wieder fand die junge Frau frisches Brot und Wasser. Nachdem sie davon gegessen hatte, schlief sie, bis das Tier wieder da war. Sie hatte sich nun schon ein wenig an seinen furchtbaren Anblick gewöhnt. Wieder brachte er ihr etwas, dieses Mal war es ein Apfel. Bevor er sich hinlegte, schaute er sie an und sagte mit dunkler Stimme:

„Ich muss dir noch sagen, dass ein Tag in der Höhle so lange wie ein Jahr in der kleinen Stadt ist. Du hast also nicht viel Zeit."

Dann schlief der Wolf ein und schnarchte gewaltig. Entsetzt begann die junge Frau ihre Arbeit, nun weinte sie dabei. Und siehe da, die Tränen halfen, das Fell kämmbar zu machen. Am Morgen war das Fell schon recht weich. Wieder ass sie frisches Brot und trank Quellwasser. Weil sie nun vom Weinen und Arbeiten sehr müde war, schlief sie wieder den ganzen Tag, bis der Wolf in die Höhle trat. Sein Aussehen hatte sich verändert. Nicht nur das Fell war jetzt weicher, auch – oder meinte sie das nur – die roten Augen waren etwas freundlicher und der Rachen weniger gefährlich. An diesem Abend hatte er eine wilde Rose mitgebracht. Als sie an ihre Arbeit ging, war das Fell schon ganz fein.

Aber wie in aller Welt sollte sie es nun zum Glänzen bringen? Sie strich und strich es nach allen Seiten, es wurde immer feiner, aber es glänzte nicht. Als der Morgen dämmerte, ging der Wolf wie immer weg. Es wurde Abend, die junge Frau erwachte, aber kein Wolf kam. Die ganze Nacht wartete sie auf ihn. Was war wohl geschehen? War er tot? Es wurde Morgen, er kam nicht. Brot und Wasser waren da, aber sie hatte keinen Hunger. Auch schlafen konnte sie nicht. Unruhig ging sie in der Höhle umher.

Endlich am Abend trat er in die Höhle, legte sich sofort ans Feuer und schlief ein. Die junge Frau setzte sich zu ihm, betrachtete ihn zum ersten Mal ohne Angst, und plötzlich strichen und streichelten ihre Hände das Fell des Wolfes zärtlich. Da begann das Fell zu glänzen und war so weich und fein, dass sie den Kopf darauf legte und einschlief.

Als sie aufwachte, lag sie im Schosse eines Mannes, der sie liebevoll ansah.

„Ich musste ein böser, grässlicher Wolf im Urwald sein, bis mich eine junge Frau trotzdem lieben würde. Jetzt habe ich meine wahre Gestalt zurückbekommen. Der Urwald hat sich in einen freundlichen Wald mit Wiesen und Äckern verwandelt, der das Städtchen liebevoll umgibt."

Der Mann und die junge Frau blieben zusammen und feierten ein grosses Fest.

Die Zwillinge

Eine junge Frau gebar in einem Dorf Zwillinge. Der eine Knabe hatte dunkles Haar, braune Augen und bräunliche Haut. Der andere war hellblond, blauäugig und hellhäutig. Die Mutter starb bei der Geburt. Da die junge Frau erst kurz vor der Geburt ins Dorf gekommen war, gab es niemanden mehr im ganzen Dorf, der mit ihnen verwandt war.

Nun wurde beratschlagt, was mit den Zwillingen zu geschehen habe. Sie beschlossen, den dunklen Knaben in den Wald zu bringen und bei einer Köhlerfamilie vor die Türe zu legen. Den blonden aber wollten sie in die Stadt bringen und bei einem vornehmen Haus hinlegen. Also geschah es.

Der Köhler und seine Frau fanden den dunklen Knaben und betrachteten ihn als ihr Eigentum, mit dem sie machen konnten, was sie wollten. Der Köhler war ein Säufer und die Frau eine Hexe. Die Hütte war morsch und, da niemand zum Rechten sah, recht klapprig. Hier fehlte ein Ziegel, dort eine Latte. Der Wind konnte von allen Seiten durch das Haus blasen, und der Regen tropfte durchs Dach. So bot das Haus wenig Schutz. Am Morgen ging der Mann fort, und die Hexe keifte mit dem Knaben:

„Du bist ein böser Bub, du kannst nichts, schon wieder hast du einen Teller zerschlagen. Der Boden ist schmutzig, aus dir wird nie etwas Vernünftiges."

Dabei war er ja noch so klein. Aber er hörte jeden Tag, wie böse und schmutzig er war, und dass er nie etwas werden würde. Am Abend kam der Köhler nach Hause, schimpfte, fluchte, schlug den Knaben und auch die Hexe, wenn er sie erwischte. Sie aber fuhr meistens auf ihrem Besen davon zum Hexensabbat. Der Mann fluchte noch eine Weile herum, bis er auf seinen Strohsack fiel und schnarchte.

Der Knabe hatte sich ganz still verhalten. Sobald der Mann schlief, schlüpfte er, hungrig wie er war, auf seinen Strohsack und zog frierend die dünne Decke über sich. So ging das jeden Tag, der Knabe fror, hatte Hunger und wurde geschimpft.

Als er fünf Jahre alt geworden war, beschloss er, fort zu gehen. Er ging in den dunklen Wald, suchte sich einen Weg, stolperte über Wurzeln, verfing sich im Gestrüpp und bekam schrecklichen Durst. Er setzte sich ein wenig hin. Da hörte er ein Plätschern, das nur von einem Bächlein herrühren konnte. Schnell stand er auf und folgte dem Geräusch. Frisches Wasser sprudelte durchs Moos und bildete einen Teich, bevor es weiter hüpfte über Steine und kleine Felsvorsprünge.

Der Knabe beugte sich über den Teich und sah zum ersten Mal sein Spiegelbild. Ja, er war schmutzig, ganz grau sah er aus. Schnell entledigte er sich seiner Lumpen und sprang ins Wasser. Es war herrlich. Er stillte zuerst seinen Durst, und dann rieb er sich Haare, Gesicht und den ganzen Körper mit frischem Wasser.

Da hörte er jemanden rufen. Erschrocken tauchte er unter. Wieder hörte er die feine Stimme:

„Du musst dich nicht fürchten. Ich bin eine Fee und wohne hier am Teich in der Lichtung mit meinen Schwestern."

Der Knabe tauchte auf und antwortete:

„Ich bin böse und schmutzig, ich kann nichts. Du aber bist so schön!"

„Ja, ich weiss, du hast es so gelernt und weisst nichts anderes. Aber komm, setz dich zu mir. Ich kann dir helfen. Siehst du, du bist ja schon sauber, weil du im Bach gebadet hast. Mir gefallen dein dunkles Haar, deine braunen Augen, die so warm blicken können und deine braune Haut. Bleib doch ein wenig bei uns im Feenreich. Da wirst du spüren, dass wir dich lieb haben. Du wirst Wärme und Freude erleben, denn bei uns ist es hell und warm."

So blieb er im Feenreich bei der Lichtung und genoss es, mit den Feen auf der Wiese zu tanzen, im Teich zu baden und die Liebe zu spüren, die ihm entgegen gebracht wurde.

Eines Tages setzte sich Anima, so hiess die Fee, die ihn gefunden hatte, zu ihm:

„Es ist Zeit, dass du zurückgehst. Ein Tag hier ist in der anderen Welt fünf Jahre. Du bist nun zwanzig Jahre alt. Aber ich bin deine Fee und bin bei dir, auch wenn du mich nicht siehst."

Er erwachte unter einem Baum bei der Köhlerhütte, wo er aufgewachsen war. Er stand auf und sah sich um. Kein Mensch war zu sehen. Er öffnete die Türe, sogleich sprang sie aus den Angeln und fiel in einer Staubwolke zu Boden. Auf einem Strohsack lag ein Skelett. Es war der Köhler. Es stank schrecklich in der Hütte. Der Schmutz lag in Haufen auf dem Boden verteilt, vom Wind aufgewirbelt.

Der junge Mann trat ein und begann Ordnung zu schaffen. Zuerst begrub er das Skelett im Wald, dann fegte er mit dem Besen den ganzen Schmutz aus der Hütte und putzte alles mit viel Wasser nach. Er begann, die Fenster und die Türe zu flicken, besserte das Dach aus und holte zu guter Letzt einen Sack mit frischem Laub zum Schlafen.

Nun suchte er den Kohlenmeiler des Mannes, fand ihn und begann, Kohle zu brennen. Er arbeitete bis er genug Kohle für eine Fuhre zum Verkauf hatte. Die Hexe war nie zurückgekehrt. Auch der Esel, der die Karre gezogen hatte, war tot. So lud er die Kohle auf die Karre, zog sie selber und suchte den Weg ins Dorf.

Der andere Knabe war in der Stadt zum König gebracht worden, weil der König und die Königin keine Kinder hatten. Die Freude war gross, betrachteten sie doch den lichten Knaben als Geschenk des Himmels. Er wurde erzogen mit viel Liebe und lernte gerne. Wie er grösser wurde, ritt er viel durchs Land, sprach mit den Leuten und half auch gerne, wenn er Not sah.

Nun war er in einen Wald gekommen, hatte sein Gefolge verloren und sah, dass er sich verirrt hatte. Wie er so hin und her ritt, sah er einen Mann kommen, der eine Karre hinter sich her zog.

„Guter Mann", fragte der Prinz, „wo geht der Weg zur Stadt?"

Der Mann blickte auf. Nun sah der Prinz, dass es ein Jüngling war wie er. Dieser antwortete:

„Auch ich suche den Weg ins Dorf, um meine Kohle zu verkaufen. Auch ich bin auf der Suche."

Der Prinz überlegte, dann sagte er:

„Wir können doch gemeinsam suchen. Komm, setz dich zu mir aufs Pferd. Deine Karre können wir anspannen, so bin ich auch nicht mehr allein."

Sie suchten nun miteinander den Weg und kamen zum Teich. Durstig stiegen sie ab, um zu trinken. Wie sie sich zusammen über das Wasser beugten, sahen die jungen Männer, wie sehr sie sich glichen. Die Spiegelbilder begannen vor ihren Augen zu verschwimmen, und sie schauten im klaren Wasser des Teiches die Geschichte ihrer Geburt. Wieder verschwamm alles, und die jungen Männer erkannten, dass sie Zwillinge waren. Die beiden schauten sich in die Augen, sie empfanden Freude und Liebe füreinander und umarmten sich.

Der kleine Drache

Es gibt eine andere Welt - sie liegt dicht neben der unseren, hautnah und ist doch ganz, ganz anders als unsere Welt, wir würden sie Himmel nennen. In jener anderen Welt lebte ein kleiner Drache. Es gab noch viele andere Drachen, aber der kleine Drache war sehr sensibel. Sein besonderes Kennzeichen war der fröhliche Ringelschwanz. Ja, der Ringelschwanz war auch seine feine Antenne, mit der er fühlen konnte, wie die Schwingungen der anderen Wesen waren, die in dieser Welt lebten. Ja, wie sah diese Welt aus? Wie lebten die Menschen, gab es überhaupt welche? Also, es gab alles, Menschen, Tiere und eben Drachen, denn alles, was in unserer Welt ausgestorben war, lebte dort glücklich.

Das Wort glücklich brauche ich sonst nicht so gerne, aber der Grund dieses Glückes lag nicht in den Wesen, sondern im Licht, in der Sonne, die diese Welt ausfüllte. Ein Licht schien, das die Wesen erfüllte mit Freude, Geborgenheit, Wärme, kurz mit allem, was sich je ein Wesen ausdenken konnte. Es gab keinen Hunger, alles war da, aber eben innerlich. Der kleine Drache sass oft ganz still und fühlte die Schwingungen, die auf seinen Ringelschwanz trafen.

Eines Tages, wie er da sass, überfiel ihn plötzlich eine grosse Dunkelheit. Er fühlte, dass er etwas aufnahm aus einer anderen Welt, es beunruhigte ihn, denn niemand hatte ihm je davon erzählt. Er erschrak ein wenig. Das Licht der Sonne aber milderte die Dunkelheit. So wagte er es, in die Dunkelheit zu tauchen, um zu sehen, was deren Grund sei. Er kam immer tiefer hinunter, und wie er wieder aufwachte, sass er auf etwas Kaltem.

Es war ein Gehsteig. Auf der Strasse fuhren Autos, Lastwagen, Fahrräder, Mofas, Trams. Menschen hasteten am kleinen Drachen vorbei, hin und her, ein hektisches Treiben. Er musste sehen, dass er nicht zertreten wurde, er war ja so klein.

„Hatschi", was war denn das?

Er hatte zum ersten Mal geniest. Dieser Staub, der Gestank der Auspuffgase hatten seine feine Nase gekitzelt. Wo war die schöne Sonne? Jedenfalls gefiel es ihm hier gar nicht, nein, absolut nicht, er wollte sogleich wieder in seine Welt zurückkehren. Also hinsetzen, sein Ringelschwanz musste ihm helfen zurückzufinden. Er wartete und wartete geduldig, dann merkte er, dass er so nicht zurück konnte. Die Verbindung war abgebrochen. Er musste hier bleiben.

Zur selben Zeit ging ein Mann durch die Strassen dieser Stadt. Er hatte helle, warme und aufmerksame Augen. Es war, als suche er etwas. Er war ein Trommelbauer und verstand es, wunderschön tönende Trommeln aller Art zu machen. Nun hatte ihn plötzlich eine Unruhe gepackt und auf die Suche geschickt. Er wusste nicht, was er suchte, aber er wusste, dass er es erkennen würde, wenn er es träfe. Sofort sah er den verschüchterten, kleinen traurigen Drachen und wusste, dass er gefunden hatte, wonach er suchte. Behutsam hob er ihn auf und barg ihn in seinen feinen Künstlerhänden. Er streichelte ihn und sagte:

„Da bist du also, kleiner Fremdling. Ich nehme dich zu mir nach Hause. Da riecht es gut nach feinem Holz. Weisst du, ich mache Trommeln. Sie sind lebendige Wesen. Jede Trommel hat ihren eigenen Charakter. Die eine ist eher zart und hat einen hellen Ton, die andere ist rundlich und ihr Ton ist eher voller. Du wirst sehen, wie viele Arten ich mache. Es wird dir gefallen bei mir, weisst du was? Du sollst von jetzt an jede meiner Trommeln zieren, ich werde dich auf jede Trommel zeichnen."

So geschah es. Im Innersten aber konnte der kleine Drache seine Heimat nicht vergessen. Er sprach mit niemandem darüber. Der Trommelbauer war sehr lieb mit ihm. Es war herrlich, zwischen den Trommeln durchzuschlüpfen und ihre Schwingungen aufzunehmen mit seinem Ringelschwanz. Am schönsten war es, wenn der Meister auf einer Trommel spielte. Dazu konnte der kleine Drache tanzen. Wenn ein Kunde kam, versteckte er sich schnell, und wenn eine Trommel die Werkstatt verliess, streichelte er sie zum Abschied zärtlich. Er wusste, dass nur Menschen Trommeln kauften, die auch gut auf sie acht gaben.

So verging die Zeit. Wie er nun wieder einmal allein zwischen den Trommeln sass und aufmerksam die Schwingungen mit dem Ringelschwanz aufnahm, erreichte ihn eine unbekannte, neue, traurige Stimme. Sie traf ihn ins Innerste. Es war die gleiche Sehnsucht nach der anderen Welt, von der er kam. Nun wusste er, welche Aufgabe er hier in dieser Welt hatte. Er musste die Sehnsucht nach der anderen Welt wachrufen. Jeder, in dem die Sehnsucht nach der anderen Welt erwacht, soll spüren, dass es diese andere Welt auch wirklich gibt.

Die Tempeltänzerin

Die Geschichte, die ich erzählen will, geschah vor langer, langer Zeit in Indien.

Dort lebte eine Brahmanenfamilie. Sie bewohnte ein Haus, reich ausgestattet an den Wänden und Böden mit kostbaren Mosaiken aus seltenen Steinen und fein geknüpften, samt schimmernden, seidenen Teppichen. Die Möbel waren kostbar und reich geschnitzt. Weiche, duftige Vorhänge trennten die Wohnräume und umflossen die Betten. Viele Dienerinnen und Diener sorgten für die Bedürfnisse der Dame und des Herrn des Hauses. Vor allem war ihnen aufgetragen, die Winke und Wünsche der Dame des Hauses sofort zu erfüllen, wenn möglich noch ehe sie geäussert wurden, denn sie war schwanger und die Geburt nahe.

Sie gebar eine Tochter, die zart und feingliedrig war. Von ihrem Vater wurde sie darum Anima genannt. Das kleine Mädchen war auffallend still. Sogar wenn es weinte, hörte man keinen Ton. Nur Tränen rannen über das kleine, feine Gesichtchen. Anima bekam eine Amme und wurde, weil die Mutter bald wieder viele Damen zu Besuch hatte und der Vater geschäftlichen Pflichten nachging, von den Eltern bald in den Hintergrund geschoben.

Anima bekam alles, was sie brauchte. Bald aber bemerkten die Amme und Animas Dienerinnen, dass Anima keine Stimme hatte. Obwohl die Amme das kleine Mädchen mit sanften, liebevollen Lauten zu locken suchte, blieb das Kind still. Mit grossen, samtbraunen, lebhaften Augen blickte es um sich, und die Amme verstand die Sprache, ihre Sprache, welche die Arme, Beine, ja der ganze Körper ausdrückten, bald mühelos.

Kaum konnte Anima gehen, lief sie in den nahen Buddhatempel. Ja, es war in dieser Stadt der grosse, einzige Buddhatempel Indiens. Der riesige Buddha war aus reinem Gold, verziert mit Edelsteinen, seine Augen bestanden aus grossen Diamanten. In der Stirn hatte er das Gottesauge, einen blutroten Rubin, so edel und rein, wie es keinen zweiten auf der Welt gab. Man erzählte sich, dass der Rubin, wenn der Buddha entweder sehr böse oder sonst erregt war, dunkelrot leuchten und Blitze aussenden würde. Das aber war schon lange nicht mehr geschehen.

Ja, das kleine Mädchen fühlte sich im Tempel bei Buddha wohl. Die Priester achteten nicht auf Anima. Auch die Tempeltänzerinnen, die berühmt waren als Buddha-Tänzerinnen – und nur die Besten wurden angenommen – achteten nicht auf sie. Anima aber sehnte sich nach Tanz. Sie sog mit den Augen die geschmeidigen Bewegungen der schlanken Körper in sich auf.

Jeden Tag zur Stunde des Tanzes sass Anima in ihrer Ecke, sie sah und spürte in ihrem kleinen Körper, dass er tanzen wollte. Kaum waren die

Tänzerinnen fort, versteckte sie sich hinter dem riesigen Schenkel Buddhas und übte das Gesehene.

Da sie so zart und feingliedrig war, bot der Tanz ihr wenig Mühe. Sie vergass sich so manches Mal und kam spät nach Hause, wo die Amme sie schalt, weil sie fürchtete, das zarte Mädchen esse zu wenig und tanze zu viel. Am nächsten Tag aber zog es Anima wieder zum Tempel mit dem betäubenden Geruch der Räucherstäbchen und der feinen Musik, zu welcher sich die Tänzerinnen bewegten.

So wuchs sie auf. Die Eltern wollten nun für ihre Tochter einen passenden Mann suchen. Sie hatten schon gemerkt, dass Anima nicht sprechen konnte. Aber sie dachten, das sei für eine indische Ehefrau nicht so wichtig. Wenn sie nur ihrem Mann dienen, ihn bedienen und Kinder gebären konnte.

Bald hatten sie einen jungen Brahmanen im Auge. Sie liessen Anima holen und teilten ihr mit, dass sie für sie einen Ehemann ausgesucht hätten und sie nun beginnen müsse, ihre Aussteuer zu bereiten. Anima erschrak. Es war entsetzlich für sie! Sie wollte, ja, sie musste in den Tempel gehen, denn nur tanzen war Leben für sie. Sie versuchte, ihren Eltern auf ihre Art zu sagen, dass sie tanzen müsse, aber die Eltern verstanden sie nicht. Die Amme wollte Anima helfen, aber weil sie einer niedereren Kaste angehörte, hörten die Eltern nicht auf sie.

Anima musste für ihre Aussteuer zu weben und zu sticken beginnen. Sie bekam wundervoll duftige, zu ihrem Aussehen passende Saris aus feiner Seide, die sie umschmeichelten. Aber sie, ihr ganzes Wesen, verzehrte sich nach Tanz im Buddhatempel.

Der Tag der Hochzeit näherte sich. Als verheiratete Frau wäre es unmöglich, Tempeltänzerin zu werden. Tempeltänzerinnen, vor allem im Buddhatempel, mussten Jungfrauen sein. Die Bedrängnis für Anima wuchs. Sie beschloss, aus dem Hause ihrer Eltern in den Tempel zu fliehen und sich dort vor Buddha hinzuwerfen.

Aber, wie sollte sie aus dem verschlossenen Haus herauskommen? Sie musste Hilfe haben, nur ihre Amme konnte sie verstehen. Also wagte sie es, der Amme in ihrer Sprache zu erzählen, was sie im Sinne habe. Die Amme verstand ihre Not und versprach, einen Weg zu suchen.

Wie sie nachdachte, erinnerte sie sich an die kleine Gärtnerpforte im Lustgarten des Hauses. Der Gärtner besass ein kleines Häuschen ausserhalb der Mauern des Gartens. „Diesen Schlüssel muss ich haben", dachte sie. Also ging sie zum Gärtner. Diesem erzählte sie, sie möchte gerne einen Mann treffen, und dazu bräuchte sie den Schlüssel zur kleinen Pforte. Der Gärtner lachte und gab ihn ihr für diese Nacht. Die Amme kam zu Anima und entdeckte ihr den Plan.

Die beiden warteten, bis die Nacht am dunkelsten war und schlichen dann zur kleinen Pforte. Dort schloss die Amme das Gitterpförtchen auf, und Anima schlüpfte hindurch. Die Amme schloss hinter ihr zu. Anima eilte durch die schmalen Gassen, die sie ja so gut kannte, zum Tempel. Ausser Atem dort angelangt, legte sie sich in die riesige Hand Buddhas und schlief ein.

Am anderen Morgen entdeckten die Eltern Animas Flucht. Sie liessen die Amme kommen und erzwangen von ihr ein Geständnis. Sie gab zu, dass Anima im Tempel sei. Sofort begaben sie sich zu den Priestern, und diese schrieen:

„Der Tempel ist entweiht worden durch die Flucht einer Tochter aus dem Hause ihres Vaters!"

Sie stürmten ins Innere des Tempels zur Buddhastatue und sahen das Mädchen in der Hand Buddhas liegen.

„Sie muss sterben!" schrieen sie, wagten aber nicht, Anima Buddhas Hand zu entreissen.

Da begann Anima zu tanzen, sie tanzte und vergass alles rund um sich. Sie tanzte auf Buddhas Hand, so hingebungsvoll weich, so grazil, leicht, schmiegsam. Die Priester wurden ganz still. Plötzlich begann das Auge Buddhas zu funkeln in dunklem Rot. Die Priester sanken zu Boden. Anima war ohnmächtig in Buddhas Hand zusammengesunken. Nun war sie Buddha's Tempeltänzerin geworden, und niemand wagte mehr, sie vom Tempel weg zu holen.

2. Teil

Die Tänzerin im Bergkristall

Eine Annäherung an die Märchen des Bergkristalls
von Matthias Müller Kuhn

1.

Kurz vor Weihnachten rufst du mich an und sagst mir, dass es dir schlecht geht und dass die Krankheit wieder zurückgekehrt ist. Ich merke deiner Stimme an, dass es sehr ernst ist und verspreche einen Besuch bei dir, so bald wie möglich.

Am nächsten Morgen klingle ich an der Eingangstür des grossen Wohnblocks, deine Stimme ist durch die Gegensprechanlage nur schwach hörbar: „Wer ist da?" Ich weiss nicht, wie ich dich antreffen werde. Hat sich deine gesundheitliche Verfassung nach dem Spitalaufenthalt derart verschlechtert, dass nun schon der Tod in deine Nähe gekommen ist? Die Tür öffnet sich durch ein leises Surren, ich gehe die enge Treppe hoch. Die Wohnungstür ist angelehnt, ich trete ein und sehe dich zu meinem Erstaunen im Rollstuhl sitzen, zwar schwach und vornüber gebeugt, aber mit klarem Blick, der mich willkommen heisst: „Schön, dass du da bist."

Ich setze mich in den Sessel dir gegenüber. Dein Gesicht ist bleich und schmal, deine Hände ruhen gross und gelassen in deinem Schoss. Deine Füsse sind wie immer angewinkelt, in grosse Stützschuhe eingebunden, deine Beine hilflos, wie nicht ganz zu deinem Körper gehörig. Schon als du ein kleines Mädchen warst, wollten deine Beine dich nicht tragen, sie verweigerten dir ein Fortkommen und verkrampften sich, sie wurden steif, schwach und verloren ihre Muskeln. Auf den Spaziergängen damals mit deiner Mutter sacktest du plötzlich zusammen. Sie musste dich nach Hause tragen, obwohl sie deine Krankheit, die langsam von dir Besitz ergriff, nicht wahrhaben wollte. Es war dir, als würden deine Beine ohne dich davonlaufen und dich verlassen. Dabei hatte sich deine Mutter so sehr eine gesunde, starke Tochter gewünscht, die ihr unter die Arme greifen und ihr tragen helfen würde, da sie ihr eigenes Leben oft als unerträgliche Last empfand.

Du fingst schon als kleines Mädchen an, gegen die Krankheit zu kämpfen. Du schriest oft nachts stumm ins Kissen hinein: „Geh fort, geh fort, du lähmende, mich mit tausend Fangarmen erstickende Krankheit." Du sahst einen schwarzen, feuerspeienden Drachen vor dir, der dich mit seinem Gift lähmte und dich in ein schrecklich enges Gefängnis einsperrte. Du hast dich ihm nicht ergeben, sondern hast gegen ihn gekämpft die vielen Jahre hindurch bis jetzt, wo er sich nochmals aufbäumt und dich anfällt.

„Ich bin müde und schwach, ich weiss nicht, wie lange ich noch die Kraft habe zu leben."

Du lässt deinen Kopf sinken und schliesst für einen kurzen Moment die Augen. Eine grosse Müdigkeit kommt über dich und hüllt dich ein wie ein schwerer Mantel.

Ist nun die Dämmerung in deinem Leben angebrochen, weicht langsam das Licht aus den Tälern und Ebenen, breitet sich Nacht aus und versinken die klaren Umrisse und Konturen im Dunkeln, wölbt sich der Sternenhimmel über dir?

Dein starker Wille zu leben ist in sichtbaren Spuren in dein Gesicht eingegraben. Immer hast du gekämpft gegen die Verkrampfung, die sich in deinem Körper festkrallte, sogar jetzt noch stemmst du dich gegen das Fortschreiten der Lähmung. Ja, jeder Atemzug ist ein sich Aufbäumen gegen die zerstörerische Kraft deiner Krankheit.

Ich möchte dir Mut machen loszulassen: „Ja, du darfst müde werden, du hast das Recht, erschöpft zu sein."

Du bist während deines ganzen Lebens gegen den Strom angeschwommen, du warst enttäuscht und traurig über jeden Rückschlag, während andere Menschen vorwärtskamen, Karriere machten, eine Familie gründeten. Du hast dir selbst Vorwürfe gemacht, ein tiefes Schuldgefühl nistete sich bei dir ein. Du fragtest dich, ob du am Ende selbst daran schuld bist, immer wieder zurückgeworfen zu werden und als Gelähmte ein Hindernis zu sein für andere?

Ich ahne, dass dein Weg länger und intensiver, jedoch viel stiller ist als derjenige der so genannt gesunden Menschen. Dein Weg ist für viele nicht sichtbar, du kannst der Welt nicht mit Stolz zeigen: Das habe ich erreicht, dies habe ich geleistet, soviel habe ich verdient und bewirkt. Für die Augen unserer Welt blieb verborgen, dass du im Anschwimmen gegen den Strom ganze Länder, riesige Gebiete von Erfahrungen bereist hast.

In deinem Herzen hast du Edelsteine und Perlen gesammelt, seltsam nur, dass in unserer Gesellschaft diese Kostbarkeiten kaum Beachtung finden. Ich aber komme diesen Perlen auf die Spur, ich ahne, welcher Schatz sich in deinem Leben verbirgt. Du selbst zweifelst oft am Wert deiner Erfahrungen, deshalb hältst du sie verborgen. Beinahe hättest du es aufgegeben, deine Perlen als Schmuck dir umzuhängen, beinahe wäre das Kostbarste verloren gegangen, weil die Menschen dir mit einem mitleidigen Schulterzucken begegneten und dich fragten: Und du, was trägst du zum Wohlergehen unserer Gesellschaft bei? Bist du nur eine Last für andere?

„Erlaube es dir, müde zu sein."

„Aber ich darf nicht aufhören zu kämpfen", entgegnest du mir.

Plötzlich steht der Tod neben uns. Ich muss ihn ins Gespräch bringen:

„Hast du Angst davor, bald zu sterben?"

„Könnte es sein, dass es dunkel bleibt, dass Gott mich vergisst und mich nicht ins Licht führt, könnte es leer bleiben?" fragst du zögernd.

Ich spüre auf einmal eine grosse Heiterkeit in mir und wage es, dem Tod ins Gesicht zu schauen. Er ist nicht der dunkle, bedrohliche Mann mit der Sense auf der Schulter, er ist nicht dunkel und schwer gekleidet mit tiefen Augenhöhlen. Begegnet uns im Tod der auferstandene Jesus in einem hellen, leuchtenden Gewand. Nimmt er uns bei der Hand, hilft uns auf und führt uns in den Himmel? Ein Bild steht mir vor Augen: Der Auferstandene beugt sich nieder, reicht einer am Boden liegenden Gestalt die Hand und zieht sie mit sich hinauf. Oben öffnet sich der Himmel, Engel schweben im Licht. Es ist Adam, zu dem der Auferstandene ins dunkle Erdreich hinuntersteigt, um ihn zu befreien und ihn ins ewige Licht zu führen: Der Mensch wird befreit, ein für allemal aus den Fesseln des Todes.

Eine Weile lang bleibt es still, dann richtest du dich auf, ein Leuchten kommt über dein Gesicht:

„Immer wieder, im abgründigsten Schmerz, hat mir Jesus geholfen, er ist im Leiden und in allen Qualen erfahren, er weiss, was ich durchmache. Er wird mich auch in die andere Welt führen."

„So wird dich der Tod befreien? Wird deine Seele endlich frei sein und ihre Flügel ausbreiten, wenn du deinen Körper ablegst, der dir immer weniger Raum gibt zum Atmen und Leben?

Du hebst deinen Kopf, ein leises Lächeln breitet sich um deinen Mund aus. Ein befreiendes Leuchten blitzt in deinen Augen auf:

„Meinst du, ich darf das Leben loslassen?"

Es gibt Augenblicke, in denen etwas von Ewigkeit spürbar wird. Ich weiss nicht, wie lange du in dieser leichten, befreiten Haltung aufrecht sitzest.

In diese Stille hinein geht die Tür auf. Eine Pflegerin der in der Stadt gut organisierten Krankenpflege tritt ein:

„Entschuldigung, ich will nicht stören. Ich werde zuerst in der Küche etwas Ordnung machen."

Das Klappern des Geschirrs und der Pfannen aus der Küche tun mir weh in den Ohren. Die Realität dieser Welt ist hart und gnadenlos. Sie nimmt keine Rücksicht auf die leisen Töne und Schwingungen einer anderen, nicht sichtbaren Welt. Ich bemerke, dass der Tod nicht mehr anwesend ist, die helle Gestalt, die neben uns stand, hat sich aufgelöst. In dein Gesicht sind der alte Schmerz und die Sorge zurückgekehrt, der Glanz ist aus deinen Augen weggewischt.

Nach einer Weile kommt die Krankenpflegerin ins Zimmer und fragt, zwar mit rücksichtsvoller Stimme, doch sehr bestimmt:

„Haben sie ihre Medikamente schon genommen?"

„Ja, aber ich möchte wieder ins Bett zurück, ich bin erschöpft."

Ich stehe auf und will mich verabschieden. Da machst du eine bedeutungsvolle Handbewegung, um mich zurückzuhalten.

„Kennst du den Bergkristall? Es sind Märchen, die ich vor Jahren geschrieben habe. Ich will sie dir zum Lesen geben, sage mir, was du darüber denkst."

Der Krankenpflegerin erklärst du, dass im hinteren Schrank, in der unteren Schublade noch ein Exemplar zu finden sein müsste. Die Frau durchsucht einen Stapel von Schriften und Briefen, bis sie ein Büchlein mit einem rosa Umschlag hervorzieht und mir überreicht. Ich bin überrascht, blättere kurz in dem geheimnisvollen Buch, bedanke mich mit dem Versprechen, dass ich es mit meiner ganzen Aufmerksamkeit lesen werde und gehe aus dem Zimmer, nachdem ich mich verabschiedet habe. In einem Café ganz in der Nähe lese ich und lese im Bergkristall.

2.

Es sind fast drei Monate vergangen. Gesundheitlich geht es dir wieder besser, obwohl das Leben für dich eine Gratwanderung bleibt. Du fühlst dich in deine Krankheit zurückgeworfen. Die gleichen Symptome der Spasmen und Verkrampfungen treten auf wie zu der Zeit, als die Krankheit in deiner Kindheit ausbrach.

Der Bergkristall ist mein stiller Begleiter geworden. Wie sehr staune ich, als ich bemerke, dass du einen eingefassten Kristall an einer Kette um den Hals trägst als stillen Schmuck und als Zeichen, dass für dich im Kristall ein tiefes Geheimnis verborgen liegt.

Ich tauche in die Märchen und Geschichten ein und betrete ein Land, das es neu zu entdecken gilt.

Was liegt vor mir? Es sind Schlösser auf Hügelkuppen, weite Täler mit wilden Wasserläufen, fruchtbare Ebenen, tiefe, undurchdringliche Wälder und irgendwo ein Ort, an dem ich eine eigentümliche Geborgenheit finde.

Der Bergkristall ruft! Hast du selbst diesen Ruf vernommen in einer stillen Stunde, wurde er immer lauter und übertönte auch die alltäglichen, schrillen Geräusche und die Stimmen der Menschen? Oder blieb der Ruf leise wie eine feine Melodie, die du manchmal kurz vor dem Einschlafen oder nachts in den Träumen hörtest? Hast du dich auf den Weg gemacht wie das kleine Mädchen und gerietst in jenen undurchdringlichen Wald, in jene gnadenlose Wildnis, die dich zu verschlingen drohte?

Hast du den Mann getroffen, der dich liebevoll begleitete und dir am Ende eine Sichel überließ, mit der du dir einen Weg schlagen konntest in den schwarzen, tonlosen Wald?

Ich versuche, mir den Kristall vorzustellen. Ein Glänzen spielt in vielen verschiedenen Farben. Wenn ich den Kopf zur Seite neige, gehen die rötlichen Strahlen in gelbliche über, danach werden sie blau und am Ende versinken sie, wenn ich den Kopf wieder aufrichte, im Grün. Fällt ein Lichtstrahl in die klaren Tiefen des Kristalls, beginnt ein Farbenspiel, in welchem ich plötzlich die ganze Welt wiederfinde. Im Grün erscheinen die Wälder, im Blau breiten sich Meere aus, in deren Tiefe sich ein Universum von Pflanzen und Fischen öffnet, im Rot beginnt alles zu glühen, ein Feuer flammt auf und in den feinen Abstufungen des Gelb erscheint ein klarer Morgen, wenn die Sonne am heiteren Himmel langsam aufgeht. Das Licht spielt in verschiedenen Farben, wenn ich meinen Kopf zur Seite neige.

Ist im Kristall das Geheimnis der Schöpfung verborgen? Hat Gott selbst zuerst in einem Kristall die Welt erschaut, ehe er sie in der Wirklichkeit formte und erschuf?

Hat nicht das kleine Mädchen im Märchen „*Der Bergkristall*" mit dir zu tun? Eine böse Fee hat den Kristall in der Tiefe des Berges verschlossen, niemand sollte ihn sehen und sich daran freuen, denn sie sah den durchsichtigen Stein als ihren Besitz an.

Nun erwacht die Sehnsucht der Menschen nach dem Kristall. Sie wollen ihn sehen und berühren, doch sie finden ihn nicht, denn er wird vor ihren Augen verborgen. Du kennst diese Sehnsucht! Verbirgt sich darin die Sehnsucht nach dem Paradies? Könnte es sein, dass im Kristall das Paradies verborgen liegt?

Das kleine Mädchen muss sich mit einer Sichel durch den schwarzen Wald kämpfen, Dornen stechen, das Unterholz ist dicht verwachsen. Du hast durch die Dornen deiner Krankheit einen Weg mit der Sichel deines Durchhaltevermögens geschlagen. Deine Lähmungen sind wie der schwarze Wald, der dich umschliesst und dich einengt. Die

Schmerzen, die dich plagen, sind das schwarze Wasser, welches dich nicht erfrischen kann. Immer wieder haben dich Menschen auf diesem Weg begleitet, sind dir beigestanden, letztlich aber musst du deinen Weg allein gehen.

Du weisst nicht, ob es dir gelingen wird, den Kristall zu finden. In der Tiefe aber hast du die Hoffnung, dass der Kristall dich befreien kann, denn er hat die Kraft, den schwarzen, schweigenden Wald in ein Lichtspiel von Farben zu verwandeln.

Entspringt nicht alles, was der Mensch tut, aus der tiefen Sehnsucht nach dem Paradies? Wenn der Mensch Berge erklimmt, Wüsten durchquert, riesige Brücken baut, Hochhäuser aufstellt, wenn er in ferne Länder fliegt, wenn er sich immer schneller bewegt, nach immer grösserem Wissen strebt, wenn er ferne Planeten erforscht, geschieht nicht all dies aus der Sehnsucht nach dem Paradies, nach diesem in Gott geborgenen Urzustand des Seins?

Das kleine Mädchen findet nach dem mühsamen und bedrohlichen Weg durch den schwarzen Wald den Kristall, der mit warmem, hellem Glanz zu funkeln und zu strahlen beginnt. Geht jetzt ein kleiner Spalt der sonst immer verschlossenen Tür des Himmels auf? Fällt ein kleiner Strahl des reinen, gebündelten Lichtes ins Leben des Mädchens, sodass sich auf einmal der schwarze Wald in eine fröhliche, blühende, von sprudelnden Bächen durchflossene Landschaft verwandelt?

Das Mädchen, das durch Abgründe des Verlassenwerdens gehen musste, hat den Sinn und den inneren Antrieb ihres Lebens gefunden. Ein weisser Schimmel steht bereit, es in einen neuen Lebensabschnitt zu tragen.

Hast du dieses Märchen geschrieben, weil du hofftest, dass sich der schwarze, dornige Wald deiner Krankheit verwandeln würde? Stand der Schimmel für dich bereit, um dir ein schnelles Vorankommen zu ermöglichen? Hast du selbst den Kristall gefunden, der, als du ihn berührtest, seinen Glanz in dein Leben legte? Oder wirst du noch heute festgehalten von den Dornen des Schmerzes und dem dichten Unterholz der Lähmungen? Kämpfst du dich mit der Sichel vorwärts und versuchst verzweifelt, die immer neu nachwachsenden, dich einschliessenden Ranken zu beseitigen?

Ich ahne, dass dieses Märchen deine Sehnsucht ausdrückt. Dein tiefster Wunsch ist es, endlich frei zu sein, frei atmen und dich frei bewegen zu können.

Wie sehr sehntest du dich schon als kleines Mädchen danach, zu tanzen, zu hüpfen, zu springen, dich um dich selbst zu drehen, deine Arme in die Luft zu werfen.

Vielleicht hat dich der Kristall dennoch verändert in deinem Innersten, unsichtbar nach aussen. Der Glanz fiel in einen verborgenen Winkel deiner Seele und dort blühte eine Landschaft auf, die dich mit stillem, innerem Glück beschenkt?

Als ich das Märchen vom Bergkristall das erste Mal las, fragte ich mich, wer diese böse Fee ist und wo sie am Ende geblieben ist. Hat sie kampflos den Kristall hergegeben? Sie hatte dadurch, dass sie den Kristall für sich beanspruchte und vor den Menschen verbarg, Leid in die Welt gebracht. Ihretwegen wurde der Wald dunkel, tonlos und traurig! Gibt es in unserer Welt einen Spielverderber, einen Diabolus, der die Menschen von ihrem Glück und ihrer Bestimmung fernhält? Tritt jemand auf der Bühne unseres Lebens auf und verhindert, dass sich das Gute und die Liebe entfalten können? Ist die böse Fee dieser diabolische Widersacher, der uns das Kostbarste des Lebens, das Glück und die innere Erfüllung, zerstört, verschliesst, durcheinander wirft und vernichtet?

Du hast dich nächtelang mit der Frage gequält und gemartert, warum diese Krankheit gerade in dein Leben eingedrungen ist, warum gerade du durch Spasmen und Lähmungen eingesperrt, gefesselt und vom Lebenswerten ferngehalten wirst. Warum musst du dies alles erleiden, warum kannst du nicht wie die Gesunden das Leben selbständig gestalten? Warum?

Hat sich die böse Fee in deinem Leben hinter deinen Träumen, hinter deiner Sehnsucht versteckt und den Kristall im Felsen eingeschlossen, damit du ihn nicht wirklich berühren kannst und somit eine Gefangene bleibst?

Du hast dich in der Frage nach dem Sinn deines Leidens wie in einer Dornenhecke verfangen. Du hast diese Frage zu Gott geschleudert und bekamst zunächst keine Antwort:

„Gott, du bist die höchste Instanz, warum lässt du die böse Fee gewähren? Warum gibst du ihr soviel Macht, dass sie durch ihr selbstgefälliges Handeln die Menschen von dir fernhält. Warum mutest du es einzelnen Menschen zu, dass sie ihr Leben lang Schmerzen ertragen müssen, gelähmt, verkrüppelt, gefesselt sind?"

3.

Es ist Sonntagmorgen. Ich bereite mich auf den Gottesdienst vor, der um zehn Uhr beginnt. Die Bibel, aus der ich lesen werde, lege ich aufs Pult und überfliege den Ablauf in meinen Notizen. Die Heilung des Gelähmten ist der Lesungstext, in Gedanken gehe ich die Predigt durch, sehe Bilder vor mir.

Die Geschichte breitet sich vor mir aus. Das Dach der Hütte decken sie ab, um den Gelähmten an Seilen auf der Bahre zu Jesus herunterzulassen. Ich geniesse die Ruhe in der Kirche. Es ist still in der Stadt, alles schläft noch. Wie ist es möglich, dass etwas von der inneren heilenden Kraft des Evangeliums in einem Gottesdienst spürbar wird? Der Sigrist zündet die Osterkerze an, welche neben dem altarförmigen Steintisch steht.

Auf einmal sehe ich ein Bild, welches mich stärkt und ermutigt. Ich selbst bin der Docht der Kerze, auf ihn springt das Feuer über und ermöglicht es der Flamme, still zu brennen, Wärme und Licht auszustrahlen. Ich muss also nur dastehen wie ein Docht und darauf vertrauen, dass er entzündet wird und brennen darf.

Auf der Strasse vor der Kirche ist noch kein Verkehr. Nur die Trams fliegen mit rasselndem und klirrendem Lärm vorbei und durchschneiden die Ruhe. Die Kirchenglocken beginnen zu läuten. Ich stelle mir vor, wie der Klang durch die Fenster in die Wohnzimmer und Küchen dringt und sich in den Treppenstiegen ausbreitet. Er schmiegt sich ins Ohr der spät Erwachenden und weckt in ihnen vielleicht die Sehnsucht, einmal über den Alltag hinaus zu fliegen.

Wie viele Leute werden heute den Gottesdienst besuchen? Ich weiss, dass es eine kleine Schar sein wird, aber diese wenigen werden vielleicht einen Funken des Gebets in die Stadt hinaustragen, der sich irgendwo zu einem kleinen Feuer entzünden wird, welches die Herzen erwärmt.

Du fährst mit deinem Elektrorollstuhl über die Rampe durch die geöffnete Tür in den Kirchenraum und findest im Mittelgang Platz. Im Voraus habe ich dort einen Stuhl entfernt, weil ich mit deinem Kommen rechnete. Der Gottesdienst beginnt, die Loblieder am Anfang sind wie weisse

Tauben, die mit ihren hellen Flügeln flattern. Während der Predigt stehe ich ohne Manuskript vor den Leuten. Wie ein Docht, ziemlich schmal und hochgewachsen, warte ich auf die Flamme, die ich selber nicht anzünden kann. Sie muss kommen, von sich aus. Es braucht Geduld und Vertrauen. Was wäre, wenn sie ausbleiben würde? Ich stünde da wie ein dunkles, nichtssagendes Stück Schnur bis am Ende.

Jetzt aber spüre ich, wie das Feuer aufflammt. Von weit her hatten sie den Gelähmten getragen. Trotz der vielen Leute, die Jesus umlagerten, liessen sie sich nicht abschrecken, sondern suchten einen mutigen, aussergewöhnlichen Weg. Sie stiegen aufs Dach der Hütte, in der sich Jesus befand. Gerade dadurch, dass sie sich bei der Masse der Menschen nicht hinten anstellten, sondern einen eigenen Weg suchten, der sicher auch auf Kopfschütteln und Unverständnis gestossen ist, gelangten sie zu Jesus, der zum Gelähmten sagte: „Steh auf und geh!" Und der Gelähmte nahm seine Matte, stand auf und ging!

Plötzlich durchfährt es mich wie ein Blitz! Ich schaue dich an, wie du im Rollstuhl sitzest. Die eben geschilderte Wunderheilung spiegelt sich in deinen aufmerksamen Augen, als hättest du selbst dem Gelähmten in die Augen geschaut, der plötzlich durch die Kraft Jesu sich aufrichten kann.

Du aber wirst nicht geheilt, deine Beine bleiben unbeweglich und steif, du kannst nicht aufstehen, du kannst den Rollstuhl nicht verlassen. Nein, wie schon während nun über fünfzig Jahren wirst du erschöpft nach Hause kommen, dich mit letzter Kraft ins Bett stemmen. Du wirst lange über die Heilung des Gelähmten nachdenken und dich fragen, warum Jesus nie zu dir gesagt hat: „Steh auf und geh!"

Ich bin beschämt und möchte mich entschuldigen. Ist es nicht wie ein Hohn, über eine Heilung zu sprechen, wo doch Tausende von Gelähmten und Kranken liegen bleiben, unheilbar, ihren Krankheiten hilflos ausgeliefert. Obwohl ich erschrocken bin und einen Moment wortlos verlegen dastehe und drohe, den Faden zu verlieren, merke ich, dass die Flamme nicht erloschen ist. Ich lasse mich leiten und nehme mein eigenes Entsetzen ernst. Ich ahne, dass ich zu einer neuen, noch tieferen Erkenntnis geführt werde: Es geht um ein umfassendes Aufstehen. Es zeichnet sich schon die Auferstehung ab.

Die Menschen werden in der letzten Ohnmacht des Todes, wenn alle eigenen Kräfte versagen und der Mensch gelähmt auf dem Sterbebett in der letzten Stunde liegt, aufgerichtet, um in ein neues Leben zu gehen. Der glimmende Docht wird nicht erlöschen. Der Docht, das sind die Menschen, werden in ein neues Licht geführt.

In den Fürbitten fange ich mich auf. Gott, stehe allen Gelähmten bei, die nicht geheilt werden. Lass in uns die Hoffnung auferstehen, dass du uns trägst, wenn unsere Beine versagen.

Die Glocken setzen ein und vermischen sich mit den letzten Klängen der Orgel. Am Ausgang reiche ich dir die Hand, immer noch etwas beschämt. Kann man überhaupt über das Geheimnis Gottes sprechen oder sollte man besser nur schweigen, schweigen?

4.

Ich lese das Märchen *„Das Mädchen und das Brot"*. Du erzählst mir aus deinem Leben: Wo solltest du Platz finden in unserer Welt? Bis ins Erwachsenenalter bleibst du bei deinen Eltern wohnen. Die Schulen hast du besucht, in der Oberstufe als Teenager aber war es dir vor allem an den Nachmittagen nicht möglich, wegen deiner spastischen Lähmungen von Armen und Beinen am Unterricht teilzunehmen. Dein Hunger nach Wissen nahm stetig zu, konnte aber immer weniger gestillt werden. Oft wurde dir gesagt, dass du nicht mithalten kannst, die weiterführenden Kurse und Schulen seien nicht für dich bestimmt, du müsstest dich bescheiden. Du selbst bekamst das Gefühl, nicht zu genügen, den Anforderungen nicht gewachsen zu sein und ständig zu versagen.

So hast du im Stillen beschlossen, eine Hungernde zu werden. Du sahst wohl die vollen, duftenden Töpfe von Nahrung vor dir, doch du konntest nicht zu ihnen gelangen. Deine Arme wurden schwer, deine Hände verkrampften sich und deine Beine brachen ein.

Du wurdest eine Hungerkünstlerin, die sich danach sehnte, das Elternhaus zu verlassen, um endlich selbständig zu sein und auf eigenen Beinen zu stehen, doch die Krankheit schränkte dich immer mehr ein und liess dich buchstäblich aushungern.

Die einzige Möglichkeit, ausserhalb des Elternhauses zu wohnen, bot sich in einem Pflegeheim. Dort wurdest du bald zur Aussenseiterin, denn du passtest nicht ins gut organisierte Konzept der Altenpflege. Als junge Frau wolltest du deine Gaben entfalten. Im Heim wurdest du als Telefonistin eingesetzt, warst aber trotzdem die in Abhängigkeiten eingezwängte Patientin.

Du begannst zu hungern, sodass das Personal sich genötigt sah, dich zu beaufsichtigen. Sie zwangen dich zu essen, doch du hast dich verweigert, denn du wolltest dich leise aus dem Leben hungern.

Du hast gehungert nach Liebe, nach Selbständigkeit und Anerkennung. Auf diesem Hintergrund lese ich dein Märchen vom Brot, durch welches mir eine neue Erkenntnis geschenkt wird. Der Hunger bekommt plötzlich einen Sinn, denn er führt zu einer Verwandlung des Seins.

Eigenartig! Das Mädchen hatte vor langer Zeit in einem Raum des Schlosses Brot versteckt. Da sie nun vom Hunger geplagt wird, erinnert sie sich an das versteckte Brot. So führt der Hunger sie von den Leuten weg, die ihr die Nahrung entziehen. Sie gelangt an einen neuen, für sie zuerst unbekannten Ort, wo sie Nahrung findet. Das Märchen fordert mich auf, von jenen Menschen wegzugehen, die mir das zum Leben notwenige Brot verweigern.

Ich frage mich, was das Brot im Märchen bedeutet und versuche, eine Erklärung zu finden. Könnte es sein, dass das Mädchen ihr innerstes Wesen, ihre Seele, in einem entlegenen Raum verborgen hat, weil sie unter den Menschen, mit denen sie zusammen lebt, ihr Wesen nicht zeigen darf? Das Mädchen darf nicht so sein, wie sie wirklich ist, dadurch wird sie selbst eine Fremde. Sie ist sich selbst, wie auch ihren Mitmenschen, fremd geworden. Durch diese Fremdheit bekommt sie nicht genügend Nahrung, es fehlt ihr an liebender Zuwendung und Zuneigung. Ihr Hunger wird so gross, vielleicht sogar lebensbedrohlich, dass sie sich aufmacht, um das vor langer Zeit versteckte Brot zu suchen, an welches sie sich plötzlich erinnert.

Das Mädchen macht sich auf den Weg zu sich selbst. Sie sucht ihre eigene Seele, ihr eigenes Wesen, um nicht zu verhungern. Sie erlebt eine wunderbare Verwandlungsgeschichte. In dem Moment, in dem sie den Raum betritt, in welchem sie ihr Brot, das heisst ihre Seele, versteckt hat, beginnt sich alles zu verwandeln. Aus dem staubigen, mit Spinnweben verhangenen Raum wird ein heller, lichtdurchfluteter Ort. Ein junger Mann tritt ein, der ein frisches Brot in seinen Händen hält.

In diesem Märchen klingt noch eine andere, religiöse Ebene mit. Das Brot erinnert ans Abendmahl, ja, es leuchtet das heilige Brot auf, das Brot des Himmels. Am Ende geschieht die Wandlung. Der verstaubte, unscheinbare, vergessene Raum des Alltags wird verwandelt in einen hellen, offenen Raum. In diesem Brot, das zuerst für mich verborgen ist, liegt die Kraft der Verwandlung. Ich habe in mir eine tiefe Sehnsucht, einen grossen Hunger danach, denn ich ahne, dass dieses Brot mich selbst verwandelt und mich zu mir selbst, zu meiner Seele und zu meinem wahren Selbst führt.

Ich sehe ein Bild, das mich nicht mehr loslässt: Ein rundes Brot liegt auf einem Tisch, es ist hauchdünn, fast durchsichtig wie eine Hostie. Plötzlich beginnt es zu leuchten und erfüllt den Raum mit Licht wie eine Sonne. Dieses Licht dringt in alle Winkel und Ecken des Raums und verwandelt zuerst die alten, verstaubten, zerbrochenen Gegenstände; den Stuhl, der verloren dasteht, den Tisch, der mit einer Staubschicht überzogen ist. Auch die Menschen, die den Raum betreten, werden verwandelt, denn das Licht dringt in ihre Seele ein und fängt im Inneren an zu leuchten. Eine Sonne fällt ins innerste Wesen des Menschen und verändert ihn von innen her.

Gehe ich zu weit, wenn ich glaube, in deinen Märchen ein mystisches Geschehen wahrzunehmen? Du widersprichst mir nicht. Ich weiss, wie sehr du um den Glauben gerungen hast. Immer wieder zogen Zweifel auf wie schwarze, undurchdringbare Wolken. Fragen schlugen auf dich ein wie Hagelkörner. Alte Glaubenssätze, die du in der Kirche gehört hast und dir anzueignen versuchtest, wurden von stürmischen Winden weggefegt. Immer wieder kam die Frage: Wie kann ich eine lebendige Beziehung zu Gott haben? Du hast Gott angefleht, gerufen, er möge dich begleiten in deinen dunklen Stunden, in denen die Dornenranken deiner Krankheit dich fest umklammerten und dir kaum Raum zum Atmen gaben.

Nur zögernd, wie vereinzelte Sonnenstrahlen durch die Wolken dringen, hat Gott sich dir gezeigt. Du hast das wahre Brot gesucht, vom Hunger wurdest du weg geführt von den Leuten, die dir keine Nahrung gaben, sondern dir sogar Nahrung verweigerten, indem sie dich zwangen, dich anzupassen und dich ihren Vorstellungen zu fügen. Du verliessest den dir bekannten Lebensraum und machtest dich auf die Suche nach dem, was dich wirklich nährt.

Im Märchen begegnet dem Mädchen der Frosch, der ihr hilft und sie in den Raum führt, wo das rettende Brot versteckt ist. Der Frosch verwandelt sich in einen jungen Mann, nachdem er seine Aufgabe, nämlich das Mädchen an ihr Ziel zu bringen, erfüllt hat. In der Deutung des Märchens könnte man so weit gehen, diesen jungen Mann als den männlichen Seelenteil, den Animus, zu bezeichnen und die Verwandlung vom Frosch zum jungen Mann als innerseelische Entwicklung zur ganzheitlichen Person zu sehen.

Ich begnüge mich damit, mir diesen jungen Mann konkret vorzustellen. Vielleicht hat er blondes Haar. Er ist etwas verlegen und errötet, als er das duftende Brot in den Raum trägt und dem Mädchen zum ersten Mal in seiner richtigen Gestalt begegnet. Beide essen gemeinsam von dem köstlichen Brot. Beginnt jetzt eine Liebesgeschichte? Ist das Brot, von dem sie sich von nun an ernähren, die Liebe?

5.

Mit aller Kraft hast du als junge Frau um deine Selbständigkeit gekämpft. Lange Zeit, auch noch im Erwachsenenalter, wohntest du bei deinen Eltern, da du auf ihre Hilfe angewiesen warst. Am Vormittag, soweit es deine Kräfte zuliessen, sassest du im elterlichen Wohnzimmer und hast, von einer Firma angestellt, am Telefon Krawatten verkauft. Die immer gleichen Sätze musstest du aufsagen und die vielen verärgerten, unwilligen Absagen verkraften: „Nein, ich habe kein Interesse, bitte rufen sie nicht mehr an!"

Das Leben kam dir vor wie das verlorene Paradies. Du träumtest davon, wie schön es wäre, einfach davon zu hüpfen, über eine Wiese zu rennen, das Rad zu schlagen und zu tanzen mit dem frischen Frühlingswind. Wer hat dich aus dem Paradies vertrieben und dich dazu verdammt, angekettet an einen Stuhl, ohne Bewegungsfreiheit, den Tag zu verbringen?

Die Schlange! War sie es, die dich verführte und über dich den Fluch brachte, wie damals über Eva, dass du nun das Leben den Dornen abringen musst? Das Mädchen im Märchen *„Die Schlange"* sah erschrocken, als es erwachte, eine Schlange, die langsam in ihr Bett kroch. Voller Entsetzen blieb es zuerst ruhig, wie versteinert, liegen: „Wird mich die Schlange beissen", dachte sie, während sich das aalglatte Tier sogar um ihre Finger wand.

Könnte es sein, dass du deine Krankheit als Schlange empfindest, die sogar zu dir ins Bett kriecht, dich lähmt und sich um deinen Körper windet? Wie gehst du mit der dich umklammernden Krankheit um? Wirst du sie mit einem Schuh totschlagen, wirst du gegen sie Gewalt anwenden? Nein, das kannst du nicht, du bist zu eng mit ihr verbunden, sodass du dich selbst töten würdest, wenn du die Schlange umbringen wolltest.

Ich bewundere das Mädchen im Märchen. Sie gibt dem bedrohlichen Geschehen eine unerwartete Wende. Zuerst nimmt sie alle ihr zur Verfügung stehende Kraft und allen Mut zusammen, packt die Schlange und wirft sie aus dem Fenster hinaus! Dann geschieht etwas, das man als Schlüssel zur tiefsten Lebensweisheit bezeichnen könnte: Das Mädchen stellt einen Teller voll Milch vors Fenster. Vielleicht kommt das bedrohliche Tier zurück, trinkt die Milch und wird zutraulich? Die Angst und die Abscheu vor dem Tier verwandeln sich in freundschaftliche Zuneigung.

Würdest du heute dem Mädchen Recht geben? Sollen wir uns dem, was uns bedroht, in einer positiven Haltung annähern? Hast du dich mit deiner Krankheit angefreundet und ihr einen Teller voll Milch vors Fenster gestellt, damit sie daraus trinkt und zutraulich wird? Hast du mit dem, was dich behindert, Freundschaft geschlossen?

Auch die Schlange wird zutraulich zum Mädchen, dadurch geschieht eine Verwandlung, welche das Leben grundlegend verändert. Die Schlange schält sich aus der alten Haut, und ein junger Mann tritt aus ihr heraus. Will das Märchen uns dazu bewegen, dem, was uns feindlich und bedrohlich gegenüber steht, nicht mit Angst und Aggression zu begegnen? Tun wir der Schlange Unrecht, wenn wir sie beschimpfen und schlecht behandeln, wenn wir sie für alles Schlechte in unserem Leben verantwortlich machen und danach trachten, sie auszumerzen und unschädlich zu machen? Sollten wir die Schlange nicht vielmehr mit Liebe und Respekt behandeln? Gerade dadurch könnte sich der Fluch auflösen, der den Menschen heute noch und immer wieder vom Paradies fernhält.

Du wirst mir sagen, dass es nicht so einfach ist.

Deine Krankheit hat sich nicht in einen jungen, dich liebenden Mann verwandelt. Gerade jetzt, im fortschreitenden Alter, kommt sie zurück. Sie kriecht in dein Bett, hält dich gefangen, lähmt dich. Aber was für einen Sinn macht das alles? Der lange Kampf um Selbständigkeit, den du während fast eines halben Jahrhunderts geführt hast und dessen Erfolg war, dass du einige Schritte mit viel Mühe und Anstrengung selbständig gehen konntest, ist er nun umsonst? Du bist wieder zurückgeworfen an den schrecklichen Anfang, als du gelähmt vor Schreck die Schlange, die dich langsam umwand, gewähren liessest.

Vielleicht gibt es dennoch am Ende eine Erlösung, eine Befreiung und die Schlange wird sich für immer verwandeln?

6.

Eine Hexe tritt auf im Märchen *„Die verlorenen Tränen"*. Sie schlägt das Mädchen, welches spielend und tanzend an ihrem Haus vorübergeht, in ihren Bann und sperrt es in ein unsichtbares Gefängnis ein. Wer ist diese Hexe, welche eine diabolische Macht über andere Menschen besitzt und sie für ihre eigenen Zwecke missbraucht?

Eine fatale Abhängigkeit entsteht. Das Mädchen wird wie gelähmt, sie ist fremdbestimmt und kann nicht nach ihrer eigenen, inneren Bestimmung leben, sondern ist gezwungen, der Hexe zu dienen. Gerade weil das Gefängnis unsichtbar ist, ist es für das Mädchen schwierig, sich daraus zu befreien.

Könnte es sein, dass immer wieder Mütter und Väter in Gefahr sind, ihre Kinder von sich abhängig zu machen und sie mit einem unsichtbaren Zauberspruch an sich zu binden?

Wie viele Eltern gleichen im Verborgenen dieser Hexe? Sie legen verhängnisvolle Fesseln um ihre Kinder, sodass diese nicht ihren eigenen Weg gehen können, sondern durch Schuld- oder Pflichtgefühle an sie gebunden bleiben.

Im Märchen schafft es das Mädchen, vom Bann der Hexe freizukommen, im Gegensatz zu vielen anderen Kindern, welche ihr Leben lang in einer erstickenden Abhängigkeit von ihren Eltern leben. Zuerst aber gerät das Mädchen in grosse Not. Sie wird immer trauriger, da sie die Trauer in sich selbst verschliesst und nicht ausdrücken kann. Ihre Tränen sind vertrocknet.

Wenn ein Mensch seine Trauer in seinem Inneren vergräbt und nicht traurig sein kann, breitet sich eine Leere in ihm aus. Sein Gesicht erstarrt, er wird gleichgültig und seine Gefühle erlöschen langsam. Er gleicht einem Land, das langsam vertrocknet. Die Erde reisst auf, es fällt kein Regen mehr, und die Sonne brennt gnadenlos. Ein solcher Mensch verhungert in seiner Seele. Vielleicht weicht er seiner inneren Leere aus, indem er sehr aktiv lebt, handelt und viel leistet. Vielleicht aber fällt er in eine tiefe Depression und wird von Ohnmachtsgefühlen überwältigt. Wie wird es ihm gelingen, seine Trauer wachzurufen, damit die Tränen zurückkehren und das ausgetrocknete Land der Seele bewässert wird?

Plötzlich erscheint vor dem Mädchen ein Zwerg. „Wie heisst du?" fragt sie. „Wurzel", antwortet er. Wurzel führt das Mädchen in den Untergrund der Erde hinab. Dort gibt es viele Gänge, Treppen, ein Labyrinth. Immer tiefer gelangen die beiden, bis es kalt wird und alles von Eis überzogen ist. Führt der Weg zur eigenen Trauer in die Tiefe der Erde zu den Wurzeln? Können wir die Trauer mit einem unterirdischen See vergleichen, der eingeschlossen ist in schwere Erdschichten? Wenn dieser See nach oben ins Bewusstsein dringt, wird er zur Quelle. Er erlöst den trauernden Menschen und schenkt ihm die Tränen zurück, welche ihn befreien.

Zuerst aber wird es kalt. Alles gefriert. Eiszapfen versperren den Weg. Es wird immer enger und unfreundlicher. Es ist die Eiseskälte der Lieblosigkeit, die Kälte, wenn eine Mutter ihr Kind zu eigenen Zwecken missbraucht, Kälte, wenn keine Liebe zwischen Menschen spürbar ist, Kälte, wenn Menschen nur nach ihren Leistungen beurteilt werden, Kälte, wenn Menschen ihre Gefühle unterdrücken und nur der äussere Schein zählt, Kälte, wenn die Tränen versiegen.

Das Mädchen steht zitternd vor Kälte in dem von Eis überzogenen Raum. Plötzlich sieht sie etwas Glitzerndes auf dem Boden liegen. Es sind die gefrorenen Tränen. Sie legt die Tränen in ihren Mund und langsam schmelzen sie. Wärme durchströmt sie. Im ganzen Körper breitet sich die Wärme aus, erfüllt das Herz, löst die steifen, klammen Hände, bringt Farbe ins Gesicht zurück. Die Wärme befreit sie von der Erstarrung, von diesem unsichtbaren Gefängnis, welches sie immer umgeben hat.

Nun sind auch die Tränen befreit und fliessen aus den Augen. Zuerst setzt sich das Mädchen hin und weint und weint. Es kommt wie ein fliessender Strom aus ihr heraus. Die Angst, nie mehr freizukommen, die Resignation, die vielen Schuldgefühle, die Abneigung, ja, der Hass gegen diese sie fesselnde Kraft der Hexe, alles wird aus ihr herausgespült, endlich fühlt sie sich frei, nur frei.

Was willst du uns mit dieser Geschichte sagen? Müssen wir die eigenen, gefrorenen Tränen in unseren Mund legen? Haben wir die Kraft in uns selber, das Eis zu schmelzen, um uns aus lieblosen Abhängigkeiten zu befreien? Sollen wir auf unsere eigenen Wurzeln achten und es nicht scheuen, in die Tiefe hinunterzusteigen und uns durch die labyrinthartigen Gänge unserer Seele führen zu lassen?

Am Ende ist die Hexe kein Thema mehr, sie hat sich in Luft aufgelöst. Empfiehlst du uns, nicht gewaltsam gegen die uns abhängig machende Kraft zu kämpfen, sondern zuerst in die eigene Tiefe zu steigen und dort die Wärme, du meinst wohl die Herzenswärme, zu entdecken und uns ihrer befreienden Kraft hinzugeben?

7.

Auf deinem Lebensweg bist du vielen Menschen begegnet, die kein Verständnis hatten für deine Behinderung. Sie reagierten mit Unmut, Ungeduld und sogar manchmal mit Aggression darauf, dass du anders bist als die anderen, durch deine Spasmen langsamer, umständlicher als die Gesunden.

Eine Lehrerin schlug dich mit dem Lineal auf die Finger, weil du mit deinen steif werdenden Händen den Stift nicht mehr richtig halten konntest und wiederholte Male nicht schön genug geschrieben hattest. Sie schimpften mit dir, wenn du auf dem Spaziergang wegen deiner schwach werdenden Beine stürztest und dein Sonntagskleid schmutzig wurde.

Damals im Pflegeheim, wo du während sechs Jahren lebtest, war das Personal dir gegenüber abweisend. Alles, was sie für dich taten, war von einem stillen Vorwurf begleitet: Wie sollte man mit dir umgehen? Du warst anders als die wegen Altersschwäche pflegebedürftigen Patienten. Du hattest eine innere, aufblühende Kraft, einen Durst nach Freiheit, Sehnsucht nach Selbständigkeit. Als Telefonistin arbeitetest du am Empfang und hast dafür deine ganze Kraft verwendet, um nach der Arbeit wieder eine Patientin zu sein, die sich den feststehenden Abläufen und Wertmustern der Pflegeeinrichtung unterwerfen musste. Ein enges Netz von Regeln und Vorurteilen wurde über dich geworfen, du warst gefangen, immer enger eingeschnürt. Bis du zu hungern anfingst. Die Ärzte und das Pflegepersonal waren ratlos. Sie wollten dich gefügig machen, ein abhängiges Rad im Räderwerk ihrer gut funktionierenden Welt.

Als sie einsahen, dass dein Widerstand nicht zu brechen war, wiesen sie dich in eine psychiatrische Klinik ein. Die dich behandelnde Ärztin hat sich behutsam in langen Gesprächen an deine Gefühle, deine Ängste und Enttäuschungen herangetastet und dich ermutigt, an deine innere Kraft zu glauben. Durch Physiotherapie warst du bald in der Lage, selbständig einige Schritte zu gehen. Zuerst hast du dich an den Wänden entlang bewegt, dann konntest du sogar kurze Stücke frei, ohne fremde Hilfe, gehen.

Diese Ärztin bleibt dir in Erinnerung als eine Oase, zu der du nach langer, entbehrungsvoller Reise durch die Wüste mit grosser Dankbarkeit gelangt bist. Sie hat dich an eine Quelle geführt, welche dir auch später die Kraft und den Mut schenkte, dich immer wieder neu aufzurichten, zu kämpfen und der Krankheit weitere Schritte in die Freiheit abzuringen. Sie war ein Sonnenstrahl, der endlich deinen um dich herum gewachsenen Panzer aus Eis schmolz und dir neue Bewegungsfreiheit schenkte.

Ich sehe den Schmetterling vor mir im Märchen *„Der Schmetterling".* Er ist eben erst aus der Larve geschlüpft und als erstes im Regen nass geworden. Da in der Dämmerung des Abends die Temperaturen sinken, legt sich langsam eine Eisschicht über seine Flügel und um seinen Körper herum. Er, der geboren wurde, um zu fliegen, in der Luft zu tanzen, wird eingesperrt in einen unbeweglichen Panzer. Der Schmetterling stürzt auf den Boden nach vergeblichen Flügelschlägen. Wie von einer ehernen Hand festgehalten, bleibt er liegen, erschrocken, wie gelähmt. Sicher hast du an deine Krankheit gedacht, als du den Schmetterling beschrieben hast: Steif und reglos lag er da.

Hat nicht jeder Mensch schon einmal diese Tragik des Eingeschlossenwerdens erlebt? Auch wenn es keine körperliche Behinderung ist, die einen einschliesst und festhält, kann sich ein Panzer um einen herum legen, der die eigenen Bewegungen einschränkt. Man fühlt sich wie mit Eis überzogen, erstarrt und steif! Das Eis, das sich um eine Person herum legt, ist vielleicht ein Angstgefühl, welches einen lähmt und die Freiheit einschränkt. Diese Angst überfällt einen wie die Kälte, die am Abend von einem eisigen Wind hergeweht wird.

Der Panzer aus Eis kann unverarbeitete Trauer sein, die einen Menschen bis ins Innerste lähmt und ihn unfähig macht, sich so zu bewegen, wie es ihm entsprechen würde. Dieses Eis kann eine tiefe, abgründige Abneigung dem Leben gegenüber sein, ein kalter Hass, der daraus entstanden ist, dass ein Mensch zu wenig Liebe erfahren hat.

Der kleine Schmetterling wehrt sich, er pumpt Luft in seine Flügel, zappelt mit seinen Beinen, um sich selbst zu befreien vom sich langsam einschleichenden Unheil. Dann kommen die Sonnenstrahlen. Nur sie können den Schmetterling befreien. Ihm selbst, auch wenn er sich noch so angestrengt hätte, wäre es nicht gelungen, sich zu befreien. Wie einfühlsam und behutsam gehen die Sonnenstrahlen vor. Sie sprechen sich untereinander ab: Wir müssen das Eis langsam schmelzen, sonst besteht die Gefahr, dass er verbrennt! Zuerst sollen die zartesten Strahlen auf ihn treffen und dann die immer stärkeren!

Wer sind diese Sonnenstrahlen, welche das Eis, in welches der Mensch eingeschlossen ist, zu schmelzen vermögen? Sind es andere Menschen, welche die Begabung haben, besonders einfühlsam auf eine Person einzugehen und mit viel Liebe und Zuwendung das Eis zu schmelzen? Kann es sein, dass es auch Eisschichten gibt, die so dick und undurchdringbar sind, dass sie auch von der stärksten Zuwendung und Liebe nicht geschmolzen werden können? Am Ende beginnt der Schmetterling zu leuchten, sein Kleid wird strahlend hell.

Verbirgt sich hinter dieser Geschichte eine Gotteserfahrung? Ist Gott selbst die Lichtquelle? Gehen von ihr Strahlen aus, welche das Eis schmelzen und einen Menschen zum Leuchten bringen?

8.

Mir ist aufgefallen, dass deine Märchen immer einen guten Ausgang finden, ein Happy End. Die Tragik, die sich aufbaut, wendet sich zu einem guten Ende hin. Die Schlange, die bedrohlich war, der furchtbare Wolf, der Frosch mit den dunklen Augen, der verkrüppelte Kranke: Sie verwandeln sich in einen jungen Mann, der glücksverheissend neben dem Mädchen steht, es heiratet oder zumindest mit ihr eine glückliche Zeit erlebt.

Man könnte den glücklichen Ausgang einer Geschichte als deren Schwäche ansehen und das beschriebene Glück als Ausflucht aus der Realität auffassen. Man könnte zu bedenken geben, dass ein solch positiv heiterer Schluss unwahrscheinlich sei und die Geschichte in die Sphäre der Träume und Wünsche entrücke.

Das Glück jedoch, welches du am Ende eines Märchens beschreibst, ist nicht kitschig auf die Kulissen eines billigen Schauspiels gemalt. Du verstehst das Glück vielmehr als Ziel eines Weges, der durch dunkle Wälder, Gefahren und Verwandlungen hindurchführt und dem Menschen als reife Frucht zufällt. Wie aber sieht dieses Glück konkret aus, wie können wir das helle, von Farben erfüllte

Land finden, wo die Sonne unbekümmert in den Wiesen tanzt und in welchem das Leid, die Schatten, die Qualen und Schmerzen überwunden sind?

Erscheint am Ende einer Geschichte das Paradies, zu welchem die verschiedenen, entbehrungsreichen Wege hinlaufen? Verwandelt sich das menschliche Leben am Ende in einen paradiesischen Zustand, in welchem er am Ende über Wiesen tanzend, im hellen Licht schwebend, in Liebe eingehüllt ist?

Dein Lebensweg hat sich anders entwickelt. Jetzt, da du älter geworden bist, kommt die Krankheit zurück, welche du mit deinem Willen und deiner ganzen Kraft zeitweise überwinden konntest. Sie nimmt wieder von dir Besitz, treibt dich in fast unerträgliche Schmerzen hinein. Sie kriecht in deine Beine und Arme. Sie lässt dich steif werden, die Spasmen nehmen wieder zu. Hilflos musst du mit ansehen, wie sich das unsichtbare Gefängnis um dich herum wieder zuschliesst. Du bekommst Angst, dass dein Lebenswille erstickt wird und fragst dich: Was hat es für einen Sinn?

Musst du nun einsehen, dass dein Leben kein Happy End hat, sondern im Gegenteil die schlimmsten Befürchtungen eingetroffen sind? Der dunkle Wald, die Dornenranken geben dich nicht frei, der eisige Nordwind bläst umso stärker, die Quelle erwacht nicht zum Leben, die Wüste wächst weiter, der furchtbare Wolf und die Schlange verwandeln sich nicht in den jungen

Mann, sondern bedrohen und bedrängen dich weiterhin.

Ich glaube, dass du letztlich von einem anderen Glück sprichst. Es ist nicht nur das irdisch fassbare, sich konkret auswirkende Glück, welches am Ende deiner Märchen aufscheint. Es ist ein weiter gefasstes, seelisches Glück, das die Grenzen des irdischen, an die Zeit gebundenen Lebens sprengt.

Die Verwandlung des verkrüppelten Knaben in den schönen Jüngling im Märchen „*Das verwunschene Land*" spielt sich auf einer höheren oder auch tieferen Ebene ab. Vielleicht ist es eine seelische Verwandlung, die äusserlich im Körperlichen nicht sichtbar ist! Immer mehr gelange ich zur Überzeugung, dass man deine Märchen mit den Augen der Seele lesen muss.

Was macht eine Seele, wenn sie in einem schwachen, behinderten, verkrüppelten Körper wohnen muss? Wird sie Auswege und Mittel suchen, um sich ausserhalb des Körpers entfalten zu können? Eine Seele will tanzen, springen, hüpfen. Wenn der Körper sie dabei nicht begleitet, ihr sogar den Tanz verweigert, wird sie vielleicht umso mehr in den Träumen und Gedanken tanzen und hüpfen?

Die Seele wird den Körper überlisten, um mit ihm zusammen, vielleicht nur für einen glücklichen Augenblick, auf einem Lichtstrahl, in einem Duft, in einer leuchtenden Blüte zu tanzen und sich zu entfalten.

Wenn ich deine Märchen mit den Augen der

Seele lese, wird das Happy End nicht banal, sondern drückt die Ahnung, ja vielleicht die Gewissheit aus, dass die Seele am Ende frei sein wird. Sie wird geführt durch den dunklen Wald, die mühseligen Verstrickungen und gelangt, vom irdischen Dasein reifer geworden, in ein helles Land.

Der verkrüppelte Knabe liebt es, wenn das Mädchen, das mit ihm zusammen bei den Köhlern im Wald lebt, von ihren Träumen erzählt. Im Knaben ist eine tiefe Sehnsucht nach jenem hellen Land wach geworden. Er weiss, dass seine Existenz etwas mit diesem Traum zu tun hat, deshalb fleht er das Mädchen an, sie möge ihn in jenes Land führen. Ihn auf dem Rücken tragend, schleppt sich das Mädchen durch den immer dunkler und feindseliger werdenden Wald, bis sie einschläft und die Elfen aus dem Lichtreich auftauchen.

Schon immer ahnte ich, dass neben unserer realen, irdischen Wirklichkeit eine andere Welt existieren muss. Wo gehen die Verstorbenen hin, wenn sie die Welt verlassen? Woher kommt die Seele, wenn ein Kind geboren wird. Diese andere Welt, die ebenso wirklich sein muss wie die für uns sichtbare, ist auf geheimnisvolle Weise mit unserer Welt verwoben. Die Ursache eines Geschehens, welches für uns nicht erklärbar ist, liegt vielleicht in jener anderen Welt.

Im Märchen kannst du dich mühelos zwischen den beiden Welten bewegen. Von der realen Köhlerfamilie im Wald gelangst du zur Königin der

Feen des Lichts, ohne dass jemand den Finger aufhalten und dir sagen würde, dass dies nicht möglich ist. Warum der Knabe verkrüppelt ist, warum das Mädchen auf ihn aufpassen muss, die Erklärung dafür, der wahre Grund, das Warum, findet sich erst in der anderen Welt. So sind die Menschen, wenn sie nur die irdische Realität im Auge haben, für die grösseren Zusammenhänge blind. Da die andere Welt meistens verschlossen ist, bleiben viele Fragen ohne Antwort und oft stehen wir ratlos unserem Schicksal gegenüber. Erst wenn wir in die andere Welt gelangen, fällt es uns wie Schuppen von den Augen: Es hatte also doch einen tieferen Sinn, warum etwas so ist, wie es ist.

9.

Eine Frau, welche mit ihrem Mann in einem grossen Wald lebte, hatte einst von einer bösen Fee einen wundervollen Spiegel erhalten. Sie schaute jeden Tag in den Spiegel, der aber zeigte nicht ihr wahres Bild, sondern das einer makellos schönen Frau. *("Der Zauberspiegel")*

Der trügerische Zauberspiegel! Kennen wir ihn nicht alle? Er hängt an den Werbeflächen der Bahnhöfe, an den Plakatsäulen und erscheint in den Inseraten der Zeitungen. Dieser Spiegel hält dem einzelnen Menschen ein Idealbild vor, das als erstrebenswert in der Gesellschaft gepriesen wird. Schau, diese makellos schlanke Frau, schau, dieser geschmeidige, gut aussehende Mann. Sie sind dein Vorbild. Schau, diese glückliche Familie, die unter Palmen am Strand ihre wohlverdienten Ferien geniesst, schau, dieser ältere, gut trainierte Mann mit weissem Haar, der dir beweist, dass man auch im Alter jugendlich und sportlich bleiben kann.

Lauter Vorbilder flimmern über die Bildschirme, stehen überlebensgross auf riesigen Plakatwänden, springen aus den Zeitungen heraus.

Zauberspiegel gaukeln das Bild eines erstrebenswerten Lebens vor. Also bemüht man sich, schön zu sein, die Falten im Gesicht zu bekämpfen, die Karriere voranzubringen und nicht alt und gebrechlich zu werden. Zauberspiegel, du täuschst die Menschen! Das Bild, welches du zeigst, ist nicht echt.

Der Spiegel, in den die Frau jeden Tag schaute, sagte ihr, dass sie selbst nicht dem gezeigten Bild gleiche und spornte sie dadurch noch mehr an, dem idealen Bild ähnlich zu werden.

Wer reicht denn an die Schönheit jenes gekürten Models heran. Das menschliche Leben besteht aus Bruchstücken, die sich nie zu einem makellos schönen Bild zusammenfügen.

In jedem Leben gibt es Einbrüche, hässliche Flecken: ein zitterndes, nervöses Auge, ein schiefer, sich beim Sprechen seltsam verziehender Mund, eine viel zu kleine, schüchterne Nase, ein leichtes Stottern, welches bei jedem zweiten Satz überwunden werden muss wie eine hohe, lästige Hürde, ein eingeknicktes Bein, das den Gang leicht wacklig werden lässt.

Man überspielt diese kleinen, unangenehmen Hässlichkeiten, indem man sie zu verharmlosen versucht. Über das nervös zuckende Auge lässt sie unauffällig eine Haarsträne gleiten. Er baut seine Sätze so, dass er die Worte, über die er regelmässig stolpert, vermeidet. Sie hüllt den für ihre Begriffe zu lang geratenen Hals, der zudem mit lästigen Leberflecken übersät ist, diskret in pastellfarbene Tücher.

Die Frau im Märchen will nicht wahrhaben, dass sie sich immer mehr von ihrem Idealbild entfernt, weil sie sich auf das fixiert, was für sie unerreichbar ist. Sie selbst wird innerlich leer, verbittert, Kälte breitet sich um sie aus. Ihre Tochter wird in diesem immer kälter werdenden Raum des Nacheiferns eingeschlossen. Echte Liebe zwischen Mutter und Tochter ist nicht spürbar.

Bis der weisse Vogel erscheint: Ein befreiendes Zeichen in dem immer schroffer werdenden, übersteigerten Leistungsdenken. Ausbrechen aus dieser lieblosen Welt, die den Menschen in ein ihm fremdes Bild zwängt, ihm den Atem raubt und ihn zu leerer Äusserlichkeit erniedrigt, ausbrechen aus dem gläsernen Gefängnis!

Der weisse Vogel führt das Mädchen immer tiefer in den Wald hinein, dort begegnet ihr eine

Frau, welche ihr den wahren Spiegel zeigt.

In einem Teich sieht das Mädchen zum ersten Mal ihr wahres Gesicht. Sie beginnt, sich selbst zu erkennen. Allmählich spürt sie Wärme in ihrem Innern. Das Eis, in welches sie durch den Wahn ihrer Mutter eingeschlossen war, fängt an aufzutauen. Das Mädchen ist befreit, ihr eigenes Gesicht wird ihr durch die klare Tiefe des Wassers im Teich vertraut. Nun hat sie das kostbarste Geschenk erhalten, allmählich lernt sie, sich selbst zu erkennen und ist somit bereit, sich auf den eigenen Weg zu machen. Sie besitzt nun die innere Kraft, sich vom Zauberspiegel ihrer Mutter zu lösen und ein eigenes Leben zu beginnen.

Ich träume davon, dass an einem Morgen, wenn die Menschen aus ihren Wohnungen zur Arbeit gehen, auf einmal an den Plakaten der Bushaltestelle, in den Inseraten der Gratiszeitungen, an den grossen Werbetafeln der Bahnhöfe plötzlich wahre Spiegel hängen, in denen sich die Menschen selbst erkennen, so wie sie in Wirklichkeit sind.

Alle Trugbilder wären verschwunden! Noch am Tag zuvor hatten sie den Menschen glauben gemacht, es gäbe eine schönere, perfekte Welt, für die es sich lohne, alle Kräfte einzusetzen. Diese Trugbilder wären verschwunden, die verführerisch lächelnden Frauen, die gut gepflegten Männer mit grau meliertem Haar, alle die begehrenswerten Güter, alle diese sorgfältig inszenierten Bilder gäbe es nicht mehr und es hingen an ihrer Stelle Spiegel, in denen sich die Menschen selbst erkennen.

Zuerst ginge ein Entsetzen durch die Stadt. Einige würden ihre Hände vors Gesicht schlagen, andere betreten oder leicht verärgert zu Boden schauen, Kinder würden lachend und neugierig auf das Bild zeigen, ältere Leute würden mild lächeln, einzelne würden einen Schrei des Entsetzens ausstossen.

Könnten diese das wahre Bild wiedergebenden Spiegel hängen bleiben, würde sich die Stadt allmählich verwandeln. Vielleicht würde die Hektik langsam aus den Strassen verschwinden, eine gemächliche Achtsamkeit würde einkehren und in den Menschen wüchse ein stilles Glück und alle wüssten, dass das Dasein allein das kostbarste, schützenswerteste Gut ist.

Heute Morgen habe ich einen weissen Vogel gesehen, der mit stolz erhobenem Haupt auf einer Werbetafel sass. Sofort fiel mir dein Märchen ein: Wohin will mich der Vogel führen? Ich blieb stehen inmitten des breiten Menschenstroms, der zu den abfahrenden Zügen am Bahnhof drängte. Der Vogel flog auf und setzte sich aufs Dach einer Imbissbude. Er spähte hinunter, da er bei den Stehtischen einige verlorene Brotkrumen zu vermuten schien. Ich ging weiter, tagträumend sah ich plötzlich überall weisse Vögel. Ich bemerkte, dass zu jedem Vogel ein Mensch gehörte, der aber das vor ihm heftig flatternde Gefieder nicht zu beachten schien.

Engel, fuhr es mir durch den Kopf. Engel begleiten die Menschen. Sie breiten die Flügel aus, um zu beschützen, wenn Gefahr droht, sie schmiegen sich in die Luft, um den Weg zu zeigen. Ihr tiefstes Anliegen ist es, die Menschen zum Wesentlichen zu führen, zum Kern, zur Selbsterkenntnis. Engel sind weisse Vögel, die sich unsichtbar in unserer Welt einnisten. Habe ich nicht soeben einen Engel gesehen?

Hirngespinste, dachte ich. Ein Reisender stiess mit seiner grossen, umgehängten Tasche gegen meine Schulter, ich erwachte aus meinen Gedanken und entschuldigte mich. Ich drehte mich um und schaute zur Imbissbude zurück, der weisse Vogel war nicht mehr zu sehen.

10.

Heute ist ein Bild auf der Frontseite der Zeitung, welches mich an dein Märchen *„Die Quelle"* denken lässt. Ein ausgetrockneter, von tiefen Rissen überzogener Acker breitet sich aus, im Hintergrund ein fast leerer See, vertrocknete Stauden. Ein Bauer blickt ratlos über seine dürren Felder, darüber steht drohend in schwarzen Lettern geschrieben: Dürre breitet sich aus!

Die Klimaerwärmung habe zur Folge, dass die südlichen Länder immer weniger Niederschlag bekämen und ein historischer Wassernotstand sich abzeichne. Auch von anderen Kontinenten hört man Beängstigendes: Der Regen bleibt aus, ganze Landstriche fallen der Dürre zum Opfer, Brände, von der Hitze angefacht, fressen sich ins Land hinein.

Menschen stehen vor dem Ruin, wegen des Ausfalls der Ernte bleiben die Vorratskammern leer, Hungerkatastrophen höhlen Völker aus, andernorts wüten Wirbelstürme. Es scheint, dass die Natur aus dem Gleichgewicht geraten ist. Ängste, die schon immer die Menschheit begleiteten, werden wieder wach.

Könnte es sein, dass die Erde von einem Feuersturm verbrannt wird und die Menschen keine Lebensgrundlage mehr auf diesem Planeten haben?

Dein Märchen über die versiegte Quelle kommt mir vor wie Prophetie! Langsam vertrocknete der Brunnen in der Oase inmitten der Wüste, der Regen blieb aus. Eine junge Frau hörte aus dem versiegenden Brunnen heraus eine Stimme: „Suche die Quelle, der Regen ist dort gefangen!" Sie machte sich auf den langen Weg, um den Regen zu befreien.

Der Regen ist in der Quelle gefangen, ein mythologisches Bild. Wer hat den Regen, von dem das Gedeihen des Lebens abhängt, eingesperrt und somit den Tod wie ein erstickendes, brennendes Tuch über die Erde geworfen?

Die böse Fee, schreibst du. Sie hat mit einer gewaltigen Felsplatte den Regen in der Quelle eingeschlossen. Wer ist diese böse Fee, die mutwillig Leben verhindert und zerstört?

Sind die Menschen letztlich die böse Fee, weil sie, wie die moderne Forschung immer stichhaltiger beweist, durch die übermässige Verbrennung fossiler Brennstoffe den Klimawandel auslösen?

Oder sollen wir die böse Fee bei Gott suchen, dem Schöpfer der Welt? Hat Gott, vielleicht ganz im Verborgenen, eine lebensfeindliche Seite? Ist er es, der ausreisst und wieder zerstört, was er selbst geschaffen und ermöglicht hat?

Die böse Fee gibt Rätsel auf. Auch du hast mit ihr schon manchen Strauss ausgefochten. Tatsache ist, dass es diese lebenszerstörenden Kräfte gibt. Wie soll ich ihnen begegnen? Lasse ich mich entmutigen und in abgründige Ängste treiben? Wenn ich resigniere, überlasse ich der bösen Fee den Raum, sodass sie sich noch mehr ausbreiten kann. Umgekehrt gibt es Menschen, die sich, vielleicht aus Resignation oder weil sie sich dadurch einen persönlichen Vorteil erhoffen, mit ihr verbünden und ihr bei ihrem destruktiven Tun helfen. So sah man die böse Fee schon an der Seite manches stolzen Feldherren und Machthabers. Sie lächelte still und zufrieden über ihre treuen, ihr still ergebenen Diener, welche zuerst nicht merkten, dass sie sich selbst durch ihren dunklen Pakt den Untergang bereiteten.

Die junge Frau im Märchen tritt den entbehrungsreichen Weg durch die Wüste an, um den

Regen zu befreien und die zerstörerische Macht der bösen Fee zu brechen. Sie wird von einer Schlange geführt, welche sich als die durch einen Fluch verzauberte Gestalt der Quelle entpuppt.

Die Wüste aushalten! Durch wie viele Wüsten bist du schon gegangen? Hat dich die Schlange geführt, welche dich ermutigte, immer weiter zu gehen und dir Kraft gab, auch in lebenswidrigen Umständen nicht aufzugeben?

Gerade in der Wüste erscheinen Täuschungen: Was ist echt und was ist nur eine glitzernde, leere Hülle, die sich auflöst, wenn ich ihr nahe komme? Die junge Frau ist nach der langen Reise durch die Wüste in die Höhle hineingekrochen, in die Tiefe des Berges, um endlich den Ort zu entdecken, wo der Regen festgehalten wird.

Wo finde ich die Lebenskraft, die das vertrocknete Feld in ein blühendes Blumenmeer verwandelt? Ich finde sie in der Tiefe, in der Höhle meines eigenen Ursprungs. Hast du es auch erlebt, dass plötzlich die Felsplatte entzwei sprang, der Regen herausdrang und die Quelle zu fliessen begann? Das Land wurde endlich bewässert und die braune, aufgerissene Erde verwandelte sich in eine duftende Wiese.

Die Quelle befreien! Hat nicht jeder Mensch in sich eine Quelle? Quelle der Hoffnung, der Freude, des Lebenssinns? Ist es nicht das wichtigste Bestreben, diese Quelle vom Geröll schlechter Gedanken, vom Schutt des Hasses und von den

Steinen des Zerstörungswillens zu befreien, damit das Wasser fliesst?

Es ist ein Geschenk, wenn die Quelle sprudelt, ich kann nicht darüber verfügen. Doch ich werde in Zukunft bei der nächsten Dürre gut hinhören, ob ich nicht die Stimme des Regens höre, der mich bittet, ihn zu befreien. Ich werde darauf vertrauen, dass ich geführt werde, vielleicht von einer Schlange an den Täuschungen vorbei in die Höhle, wo die Quelle eingeschlossen ist.

Die ganze Menschheit muss hinhören, jetzt, in dieser Zeit, ob sie nicht eine Stimme hört, die sie auffordert und bittet, aufzubrechen und den Regen zu befreien.

11.

Plötzlich taucht der Wolf auf, furchtbar anzuschauen. Er versetzt die kleine Stadt in Angst und Schrecken. Aus der dunklen, undurchdringbaren Wildnis des Waldes tritt er heraus und fordert seine Opfer. *("Der furchtbare Wolf")*

Wölfe sind bei uns hinter Gittern. Kürzlich besuchte ich einen Tierpark und konnte von einer erhöhten Stelle ein Rudel Wölfe beobachten. Ich erschauerte bei der Vorstellung, dass ich über die Abschrankung nach unten ins Gehege fallen und die Horde über mich herfallen würde. Aber Gott sei Dank ist alles gut abgesichert und der Zaun zu hoch, als dass jemand in den gefährlichen Bereich der Wölfe gelangen könnte.

Wir sind vor den Wölfen sicher oder nicht? Könnte es sein, dass uns hungrige, aggressive Wölfe auch in der zivilisierten Welt bedrohen?

Es gibt sie dennoch, die Wölfe, mitten in der Stadt, in der teuren Einkaufsmeile, in den steril wirkenden Marmorhallen der Banken, in den schön angelegten Parkanlagen. Es gibt auch hier furchtbar gefährliche Wölfe, nur in anderer Gestalt. Äusserlich fallen sie nicht auf, sie sind gut gekleidet, haben anständige Manieren und sind höflich.

Jener Bankier, der in seinem schwarzen Anzug mit silberner Krawatte seinen Kunden in ein unsauberes Geschäft hineinzuziehen versucht, jener Vater, der mit seinen Kindern einen fröhlichen Sonntagsausflug macht, zuhause aber, manchmal nachts, wenn es niemand sieht, noch ein anderes Gesicht zeigt und in der Seele der Kinder dunkle Spuren hinterlässt, jene von einer Parfumwolke eingehüllte Frau, üppig geschminkt, die regelmässig in hysterischen Anfällen das Geschirr gegen die Wand wirft, jener Beamte am Schalter, dessen Unzufriedenheit über die eintönige Arbeit sich wie ein Hagelwetter über seiner Familie entlädt - es gibt Wölfe, welche ihre Opfer fordern und sie zu sich in ihre dunklen, versteckten Höhlen zerren.

In der zivilisierten Welt ist das Leben nicht harmlos geworden. Auch wenn man sich gegen alle möglichen Gefahren gut versichert, man fühle sich doch nicht allzu sicher, sondern nehme sich in Acht.

Du willst uns mit dem Märchen des furchtbaren Wolfes nicht Angst einjagen, sondern im Gegenteil uns ermutigen, den Wölfen auf die Schliche zu kommen.

So sollte man besser vor den bedrohlichen Wölfen nicht davonrennen und sich nicht vor ihnen verstecken, sondern sich ihnen mutig nähern, sie in ein Gespräch verwickeln und daran glauben, dass sich das Böse verwandelt. Doch wie kann es geschehen, dass sich das Furchtbare in etwas Gutes, Positives verwandelt? Durch Liebe, sagst du.

Die junge Frau im Märchen hat den Wolf geliebt, auf jeden Fall hat sie ihre Angst abgelegt und konnte dadurch die harte, stachelige, furchterregende Schale durchbrechen. Sie ist auf einen weichen inneren Kern des Wolfes gestossen. Verhält es sich mit allem Bösen gleich? Besteht es aus einer furchtbaren, abstossenden, angsteinflössenden Schale und besitzt im Innern einen guten Kern?

Letztlich waren es die Tränen, welche das Fell des Wolfes zum Glänzen brachten und dadurch das Verhängnis des Bösen abwendeten. Aus der zuerst entsetzlichen Begegnung zwischen dem Wolf und der jungen Frau entsteht eine Liebesgeschichte. Können Tränen das Böse erweichen und verwandeln?

Wir wissen, dass das Böse im Verlauf der

Menschheitsgeschichte sich oft nicht erweichen liess. Die Tränen der unzähligen misshandelten Menschen während der Nazi-Zeit vermochten das Böse nicht von ihrem vernichtenden Tun abzuhalten. Es war damals, als ob sich ein ganzes Volk in Wölfe verwandelt hätte und dass ein anderes Volk ihre Opfer wurden. Und trotzdem, sagst du, ganz am Ende muss jeder Wolf verwandelt werden, denn er wird sich durch sein zerstörerisches Tun selbst zerstören. Spätestens dann wird er aus seinem struppigen Fell herausfahren und wird sich fragen: Was habe ich nur getan?

Ich möchte den Wolf nicht allzu schnell springen lassen, denn ich ahne, dass er viel mit mir persönlich zu tun hat. Wer ist mein Wolf, der mir auflauert, immer wieder in die kleine Stadt meines Alltags eindringt und mir das Kostbarste wegnimmt, um es in seine Höhle zu zerren und es mit seinen Zähnen zu zerreissen? Ist dieser Wolf etwa meine eigene Angst?

Es gibt die furchtbare Angst, die ein schmutziges, mattes Fell hat und mit fletschenden Zähnen auf mich zuschiesst. Sie zerrt die kostbarsten Stunden aus dem Gefüge meines Lebens und verschlingt sie. Ich weiss, es gibt Leute, die behaupten, sie hätten keine Angst. Sie wollen es als psychologisches Phänomen, als eine Überempfindlichkeit des Geistes verharmlosen und sehen die Ursache derselben in einem schwächlichen Gemüt!

Nein, jeder Mensch hat Angst, es liegt beinahe in

der Natur des Menschen, Angst zu haben. Seien wir doch ehrlich: Wir wissen nicht, woher wir kommen und wohin wir gehen, die wichtigsten Zusammenhänge unserer Existenz sind uns verborgen: Nichtwissen macht Angst! Ich spreche nicht von einer oberflächlichen, nervösen Ängstlichkeit, die einem ein lästiges Kopfweh verursachen kann. Nein, ich spreche von der Angst, geboren zu werden und von der Angst zu sterben. Wie begegne ich dieser Angst, die sich oft wie ein Gewitterturm am Himmel aufbaut, die wie ein riesiger, majestätischer Wolf aus dem Dunkel des Unbekannten ins fahle Licht des Bewusstseins tritt. Verstecke ich mich davor, renne ich fort, schliesse ich davor die Augen?

Nein! Ich lasse mich auf diese Urangst ein. Wie die junge Frau im Märchen mache ich mich auf, um die Angst in der Wildnis des dunklen Waldes zu suchen. Plötzlich kommt sie mir entgegen, ich lasse mich nicht abschrecken, sondern krieche sogar mit ihr in die Höhle ihrer Behausung, wo ich sie anflehe, mich in Frieden zu lassen. Die Angst wird mich bitten, ihr zottiges, schmutziges Fell zu pflegen und glänzend zu machen. Erst meine Tränen werden es schaffen, das abschreckende Fell angenehm glänzend zu machen. Die Angst wird sich verwandeln in ein Gegenüber, mit dem ich ins Gespräch komme.

Willst du uns durch dein Märchen ermutigen, dem Furchtbaren zu begegnen, damit es durch die

Kraft unserer Zuwendung verwandelt wird?

Wenn du Recht hast, können wir in Zukunft anders unseren Ängsten begegnen. Stell dir vor, wenn niemand mehr Angst vor der Angst haben muss! Ich trete dem furchtbaren Wolf gelassen gegenüber, denn ich weiss, dass auch er sich nach Verwandlung sehnt und dass meiner Zuwendung und meinen Tränen die Kraft innewohnt, etwas Böses in etwas mir gut Gesinntes zu verwandeln.

Du hast das Liebesgebot, welches der Kern der Botschaft von Jesus Christus ist, in deinem Märchen auf eine überraschend neue Weise ausgedrückt. Die Liebe soll so weit und umfassend sein, dass sie sogar ihre Feinde mit einschliesst: Liebet eure Feinde! Dieses Gebot ist konkret im Alttag schwierig nachzuvollziehen. Ist es wirklich sinnvoll, die Menschen, die mich bekämpfen, die mich verletzt und gedemütigt haben, zu lieben? Der Wolf, der sich durch die Zuwendung und die Tränen des Mädchens verwandelt hat, sagt mir, dass er angewiesen ist auf diese alle Widerstände durchbrechende Liebe, die sich nicht von seinem furchtbaren Äusseren abschrecken lässt.

12.

In einer anderen Welt, die dicht neben der unseren liegt, lebte ein kleiner Drache. Im Märchen *„Der kleine Drache"* gehst du davon aus, dass es eine andere Welt gibt, die man Himmel nennt. Sie ist hautnah neben der für uns wirklichen Welt, in der wir leben. Dort, in der anderen Welt, ist ein Licht, das die Wesen mit Freude, Wärme und Geborgenheit erfüllt.

Dieses Licht, welches du im Märchen beschreibst, ist mir in den Schilderungen von Sterbenden oder von Menschen, die dem Tod nahe waren, begegnet. Vom Personal des Krankenhauses, in dem ich als Seelsorger tätig war, wurde ich regelmässig zu Sterbenden gerufen. Ich habe sie auf ihrem letzten Weg begleitet und teilte mit ihnen diese letzten tiefsten Momente ihres Lebens.

Ich erinnere mich an eine Frau, sie war nicht mehr ansprechbar. Ihr Atem ging schwer, zwischen Ein- und Ausatmen entstanden längere Pausen. Ich nahm ihre Hand und spürte darin ein leises Beben. Plötzlich wurde es still. Das Fenster stand offen, in der Ferne waren einige Stimmen zu hören. Das Geräusch des Atems wurde immer schwächer. Ein Gespräch stieg in meiner Erinnerung hoch, welches ich vor einer Woche mit der Frau geführt hatte, als sich ihr Zustand für kurze Zeit verbessert hatte: Sie glaube daran, dass sie von einem hellen Wesen begleitet werde, wenn sie sterbe und dass sie ins Licht komme, darin schwebe und von tiefem Glück erfüllt werde.

Ich strich mit meiner Hand über ihre Stirn. Plötzlich hatte ich das Gefühl, dass ihr Gesicht hell wird wie von der Sonne beschienen, nicht von aussen von irdischem Licht, sondern von innen her. Nun setzte der Atem aus. Es war, als würde die Zeit stillstehen und die Ewigkeit beginnen. Ich sass regungslos da und ahnte, was in diesem Augenblick im Innern der sterbenden Frau vor sich ging. Der Himmel öffnete sich, die Seele verliess den Körper und schwebte davon. Ein tiefer Friede legte sich auf ihr Gesicht.

„Den Tod gibt es nicht", jubelte es in mir, „es ist ein Hinübergehen von der einen in die andere Welt!" Ich wollte diesen Augenblick des Glücks nicht mehr loslassen, ein Fenster hatte sich geöffnet und ein warmer, alles durchdringender Strahl eines unbeschreiblichen Lichts fiel ins Zimmer, auf das Bett, auf die Hände der Frau, welche wie offene Schalen auf der Bettdecke lagen.

Kurz danach ging die Tür auf. Ärzte kamen herein und untersuchten die Verstorbene. Die Angehörigen wurden gerufen, das Bett wurde aus dem Zimmer in einen speziellen Raum geschoben. Ich verabschiedete mich.

So nah liegt die andere Welt, hautnah, neben der unseren, nur einen Atemhauch entfernt. Ja, es mögen alle Menschen eine tiefe Sehnsucht in sich tragen und wissen, dass eine grössere Wirklichkeit uns umgibt, in welche wir einmal zurückkehren werden.

Der kleine Drache fiel aus dem Himmel, der sein Zuhause war, mitten auf den Gehsteig unserer Welt, weil er neugierig einer dunklen Wahrnehmung auf den Grund gehen wollte. Er wurde von einem Trommelbauer mitgenommen. Sein Ringelschwanz war wie eine Antenne, mit der er die Schwingungen auch der anderen, für uns verborgenen Welt wahrnahm. So wurde er ein Verbindungsglied zwischen den zwei Welten. Nicht zufällig war es, dass ein Künstler ihn zu sich genommen hatte und in seine Arbeit mit einbezog, denn gerade Künstler haben wohl eine feine, differenzierte Wahrnehmung von der Welt und wecken mit ihren Kunstwerken im Zuhörer oder Betrachter die Sehnsucht nach der anderen Welt.

Könnte es sein, dass du diesem kleinen Drachen gleichst? Du bist buchstäblich aus dem Himmel in die laute, unerbittliche Realität unserer Welt gefallen. Vielleicht hast du, gerade durch deine Behinderung, eine feine Antenne, um auch die anderen, leisen Schwingungen wahrzunehmen. Vielleicht ist es deine Aufgabe, die gesunden und unbekümmert in ihrer Welt lebenden Menschen darauf hinzuweisen, dass es noch eine andere Wirklichkeit gibt. Du, als eine Grenzgängerin, die sich in ihrem Körper nie ganz heimisch fühlen konnte, hast eine andere Sicht auf die Wirklichkeit, von der wir viel lernen können.

13.

Gestern hast du mich angerufen und mir gesagt, dass du wegen des sich stetig verschlechternden Gesundheitszustandes in eine Rehabilitationsklinik aufgenommen wirst. Ich besuche dich vor deiner Abreise. Unser Gespräch kreist um deine Krankheit, die sich wieder wie ein dunkler, vielarmiger Tintenfisch um dich legt, dich bedrängt, einengt und dir immer weniger Raum zum Leben lässt.

„Was wird sein, wenn ich ganz erstarre und mich nicht mehr bewegen kann? Es ist, als ob alles Leben in meinen Muskeln gefriert und steif wird. Kälte kriecht in meine Glieder, eine eisige Landschaft liegt vor mir. Alles erstarrt, der Atem gefriert und auch in meinem Gehirn ist klirrende Kälte, wenn nur nicht das Eis sich über die farbigen, warmen Erinnerungen legt. Darf ich dann sterben? Wenn das Leben droht, unter einer Eisschicht zu ersticken, darf ich dann selber meinem Leben ein Ende bereiten? Darf ich gehen und meinen Körper zurücklassen, herausschlüpfen aus der engen, erstarrten Larve. Darf ich den Körper, mit dem ich während meines ganzen Lebens so sehr gerungen und gehadert habe, ablegen, dass meine Seele endlich frei wird und tanzen kann?"

Deine Augen sehen mich fragend an. Ich nicke nur. Ich verstehe deine Sehnsucht, aber ich weiss auch in meinem Innern, dass jetzt jedes Wort, ein Ja oder ein Nein, eine Anmassung wäre.

„Ich möchte, dass Gott mich ruft. Ich würde dankbar jedes Stück Leben annehmen, auch wenn es noch so trocken und hart ist, aber ich habe Angst, dass mir einmal jede Bewegung genommen wird und ich nur noch starr daliege, unbeweglich, tot und doch lebendig. Darf ich dann selber den Entschluss fassen zu gehen?"

Ich nicke. Plötzlich höre ich eine Antwort. Es kommt leicht über meine Lippen, fast hüpfend erleichtert: Ja!

Du bist die Tänzerin im Bergkristall. Dein tiefster Wunsch war es von deiner Kindheit an bis jetzt, einmal tanzen zu können, dich frei zu bewegen, rhythmisch mit der Musik zu springen, deine Beine fliegen zu lassen, deine Arme hoch in die Luft zu werfen und mit der Bewegung zu verschmelzen, dich hinzugeben, Musik in deinen Gliedern vibrieren zu hören, dich im Kreis zu drehen und aus der Drehung dich in einen Sprung zu werfen und am Ende leise dich zu verneigen und auf den Boden gleiten zu lassen.

Die Tänzerin erfüllt den Raum, selbst die Blumen, die Bäume, die Flüsse und der unergründliche Himmel fliessen ein in ihren Tanz, plötzlich beginnt alles sich zu drehen, zu hüpfen, zu springen und wird eins mit ihrer Bewegung, die aus dem Innersten kommt.

Doch die Tänzerin war gefangen. Ihre Beine waren steif, die Arme an den Körper gefesselt, die Hände widerspenstig, sie machten hilflose, abgehackte, aus dem Gleichgewicht gefallene Bewegungen. Die Tänzerin musste sich durch den zähen Fluss der Lähmungen kämpfen und im Rollstuhl sich mühsam durch den Alltag wühlen, wie der Maulwurf durch die schwere Erde.

Deine Seele aber hat getanzt, vielleicht ohne, dass du es merktest. Im Innern bekam sie Raum, unsichtbar, in den Träumen, zwischen zwei Augenblicken. Im Bergkristall hat sie getanzt.

Es war Anima, die Seele, so hast du sie genannt! Anima war stumm, sie konnte sich nicht ausdrücken, sich in der Welt der Erwachsenen nicht verständlich machen, doch sie wollte nur eines. Sie wollte tanzen. So schlich sie in den Tempel, in den heiligen Raum, dort entkam sie dem Zugriff ihrer Eltern, welche sie festbinden, einzwängen wollten in eine von ihnen arrangierte Heirat. Anima tanzte, sie tanzte sich in die Freiheit hinein, Befreiung von den beengenden Fesseln. Dann schlief sie ein, erschöpft aber erfüllt in der Hand Buddhas, in der Hand Gottes. *("Die Tempeltänzerin")*

Ist deine Seele eine Tempeltänzerin, Anima? Ist der Tempel der Bergkristall, den du gesucht hast durch den dunklen Wald deiner Behinderungen dein Leben lang und der, als du ihn berührtest, dir die befreiende Kraft schenkte: Tänzerin im Bergkristall?